Pour ma Lou que
j'aime tant
Heureuse d'avoir partagé
& de partager encore
cette route étoilée
Mille baisers
Elo ♡

Du chaos naissent nos étoiles

Carnet de bord d'un apaisement

Elodie Garamond

Du chaos naissent nos étoiles

Carnet de bord d'un apaisement

Flammarion

ISBN : 978-2-0814-4567-3
Dépôt légal : février 2019

Pour Jules et Alma, mes amours, ma force de vie, moi-même

À travers un journal mensuel des aléas de vie, une femme explore le vaste champ de l'art de vivre du yoga, découvrant sur son chemin de nombreuses pratiques psychocorporelles qui bousculent et redonnent du sens à sa vie à chaque détour de celle-ci.

Au fil des étapes banales ou croustillantes d'une vie urbaine de healthy-mum entrepreneuse et bourgeoise, dans les douleurs et les rires, à travers les ironies du destin et à travers ses lectures, elle revient sur une histoire sans grand H, pour mettre en lumière la riche imagination de la Vie.

En jouant sur les mêmes périodes calendaires, mais en égrenant la chronologie des années, elle montre la vacuité des événements, des sentiments, l'infinie dérision des épiphénomènes du quotidien. Elle prouve à quel point les convictions d'un jour ne sont pas nécessairement les certitudes du lendemain. Que l'on peut tout supporter, tout vivre. Soulignant à quel point la clairvoyance doit être cultivée pour accepter sans contrôle les rebonds et surprises du destin…

Du chaos naissent nos étoiles

« Exercice égocentrique et difficile, ce carnet de bord est un retour sur images des aventures plus ou moins gaies de la vie qui m'ont amenée à bifurquer du chemin, tracé et conditionné socialement – à défaut de l'être moralement. Ce chemin m'a conduite, à travers doutes et convictions, vers une nouvelle voie, décidant de m'ouvrir, de penser, de lire, de me nourrir, de grandir, et de vivre autrement. »

« Il faut porter du chaos en soi
pour enfanter une étoile qui danse. »

Friedrich Nietzsche

Préambule

Nous sommes souvent plusieurs dans le même corps, c'est le propre des femmes. La dualité, la multiplicité de personnages réunis dans un seul corps. Comme sans doute beaucoup de femmes, j'étais mal dans le mien, mal dans la peau qui l'entourait. On appelle cela la dysmorphophobie, un mot rare pour une maladie courante. Très féminine mais pas que.

Alors je m'en suis prise à lui, bêtement, innocemment, maladroitement, méchamment parfois. Avec la naïveté de la jeunesse qui pense encore que le corps est une denrée renouvelable, qu'il s'en remettra. Mais il ne s'en remet jamais tout à fait. C'est la loi de l'hormèse : ce qui ne tue pas rend fort… si on ne franchit pas la ligne jaune, si on respecte la capacité adaptative de l'organisme. Ce que je n'ai bien sûr pas fait.

Depuis je lutte contre mon dos, ou avec lui, pour arrêter de souffrir de douleurs quotidiennes. Je me lève certains matins avec un corps centenaire, et il me faut de longues minutes pour réussir à me redresser et marcher normalement. Ma faiblesse a été de me penser plus invincible que les maux. Alors j'ai essayé d'appuyer sur le bouton stop. Et décidé de démarrer l'exploration, souvent illisible, de qui j'étais et de pourquoi j'en étais arrivée là. Je me suis noyée parfois, trop cartésienne pour être vraiment ésotérique, faussement solide.

J'ai essayé de retranscrire ces étapes, un chapelet d'histoires racontées comme un journal intime, impudique et sincère, sans filtre, dans l'espoir de pouvoir, peut-être, accompagner le chemin, le questionnement, les doutes d'autres femmes un peu perdues en elles-mêmes. Comme moi.

« Les mots sont des fenêtres (ou bien ce sont des murs) ».

Marshall B. Rosenberg

Décembre

Décembre 2013 – Naissance du Tigre en Serpent

En cette année du Serpent, mon année chinoise, naissent Alma ET le Tigre. Je suis née en 1977. Ma fille et ma nouvelle maison en 2013, trois cycles de douze années plus tard. Le Tigre c'est une maison du bien-être qui accueille toutes et tous ceux que j'aime, un lieu ouvert dédié à l'art de vivre du yoga en plein cœur de l'Ouest parisien. Un projet de vie survenu à l'improviste dans mon imagination, soutenu par mon petit frère et mon beau-père (le mari de Maman qui m'a élevée comme sa fille) dont la confiance a été inébranlable depuis la première minute. Comment les remercier un jour… Ce rêve incarné en réalité va prendre une place que je ne soupçonne pas encore, va changer ma vie.

À l'approche du 1er décembre, après onze mois d'une feuille de route irréelle, j'allaite, je gère la fin du chantier, la mise en place de l'équipe, les recrutements au coup de cœur, les formations à l'emporte-pièce, la communication au feeling, l'ouverture du site Internet à J-1, les heures d'attente pour avoir une ligne téléphonique et Internet, les appels d'offres et le référencement des fournisseurs, les commandes, les achats, les négos… Ni tableau Excel ni procédures, je pilote à peu près tout sans expérience, mais avec l'excitation d'un enfant qui construit sa première vraie cabane dans les arbres.

J'ai des piliers en or, Maman, Marion, Capu, Lolo, mes frères, mes tantes et toute ma famille. Je viens d'une grande famille qui a traversé beaucoup de séparations, beaucoup de réconciliations, beaucoup de naissances, de Noëls, de rires, d'engueulades, de secrets et de célébrations. Nous sommes 1- nombreux, 2- claniques et 3- solidaires. Ma famille, c'est une armée d'amour et de disponibilité. Alors face aux difficultés – que tous ceux qui ont un jour ouvert un établissement recevant du public ont connues avant moi, les planètes s'alignent, les enthousiasmes s'additionnent, et le jour J approche. Ma tête et mes chevilles gonflent presque autant que mes seins de jeune maman qui gère mal les horaires d'allaitement entre deux réunions de fin de chantier.

J'ai une certitude, je suis là où je devais être à l'instant T, et quand le soir de l'inauguration Papa vient me voir pour me dire qu'il est très fier de moi, trémolos dans la voix, je lui réponds « Tu sais, c'est incroyable, ça ressemble exactement à ce que j'ai rêvé. » Au coussin près. Une décalcomanie de ma vision.

À ce stade de ma vie, je sens que nous sommes tous tentés de nous libérer d'un matérialisme effréné sans pour autant quêter un nouveau sens de vie dans des traditions religieuses passéistes ou dépassées. Je sens que nous cherchons l'accès à une autre forme de sens, le sens de soi, sans égotisme, en ouvrant les petits sillons d'une spiritualité moderne et accessible. Alors oui, je suis une néo-bobo, j'aime la frivolité esotérico-chamanique, je raffole de cristaux, de tarots, d'autels de bouddha, de mantras, d'encens et d'acupuncture. Je me fantasme en papesse urbaine de la psychologie positive mâtinée d'un mélange spiritualo-traditionnel mystique, j'assume. Et j'ouvre le Tigre.

Horoscope chinois...
« Si le Serpent a mauvaise réputation dans les pays chrétiens, dans les pays asiatiques, au contraire, il est réputé et souvent vénéré pour sa sagesse, sa sagacité et sa volonté.
« Le Serpent réfléchit beaucoup et profondément, c'est un cérébral, un philosophe plein de sagesse. Pourtant, il pourrait se passer de sagesse et de réflexion, car il a une intuition remarquable. Cultivée, cette intuition peut devenir de la voyance. Aussi fait-il souvent confiance à ses impressions, à ses sensations, à ses sympathies, alors qu'il tient peu compte des faits, de ses expériences et de celles des autres, des jugements et des conseils. Il semble avoir un sixième sens.
« Très déterminé à venir à bout de ce qu'il entreprend, il déteste échouer et, bien que calme de nature, il prend très rapidement ses décisions. Il remuera ciel et terre pour atteindre le but qu'il s'est fixé et ne supportera pas l'échec. »

De mon Serpent à deux têtes mère-fille est né le Tigre.

Le Tigre est pensé comme un refuge où j'ai envie dès le premier jour d'accueillir – devrais-je dire abriter ? – toutes celles et ceux qui, comme moi, désirent se poser avec eux-mêmes, s'explorer, apprendre, comprendre, échanger, se faire du bien tout doux, tout cool.

Dès ce 1er décembre 2013, jour officiel d'ouverture, je ressens une empathie sincère et authentique, un besoin impérieux de prendre soin de mes nouveaux visiteurs, d'être à leur écoute, de comprendre à travers leurs premiers mots ou gestes comment leur apporter du mieux-être, parfois sans même qu'ils sachent exprimer un besoin rationnel. Je me sens investie d'un sacerdoce limpide : les guider à travers la jungle urbaine de toutes les pratiques psychocorporelles douces vers celles qui leur correspondent, dans leur état physique, émotionnel et énergétique du moment… Et dès les premiers jours, je sens que mes « diagnostics » sont justes, qu'une relation de confiance ouverte et une disponibilité spontanée se tissent entre l'équipe, les profs et les élèves. Il y a beaucoup de sourires, beaucoup d'attention gratuite, beaucoup d'envie de partager et de s'aider les uns les autres, sans jugement.

Alors oui, bien sûr, les premiers cours sont vides, les lumières sautent quand on branche la machine à laver, les radiateurs fument en plein hiver, la caisse ne s'ouvre qu'une fois sur deux, on est systématiquement à court de monnaie parce que le concept de fond de caisse m'est étranger, et l'argent sort beaucoup plus vite qu'il n'entre… mais on est bien dans ce lieu propice aux sourires, coloré et douillet, et la magie opère.

Pendant les premières semaines je suis partout et j'oublie de vivre, au détriment de mes proches : je fais la caisse, l'accueil, les jus pressés (souvenirs matinaux d'explosion de blender chargé de jus de carottes…), les machines à laver, les ravitaillements chez Metro chargés au chausse-pied dans ma Smart, la vaisselle, les remises bancaires de mes petites piles de billets sagement triées le soir toutes dans le même sens pour entrer plus facilement dans l'automate, je réponds aux mails, aux questions, aux sourires, aux attentes, aux récriminations, aux changements de planning de dernière minute… J'adore mon équipe, et je m'éclate avec ma nouvelle casquette de capitaine de bateau au pavillon du Tigre.

L'habitude de me lever tôt s'instaure durant cet hiver acharné. J'aime mes moments de solitude matinale, je me sens bien quand, en concordance avec le soleil, c'est mon corps qui sonne tout seul le buzz du réveil à 6 heures (certains matins d'hiver, rallonge gracieuse jusqu'à 6 h 30). Ma vie a radicalement changé depuis… tant mieux, car la charge aussi a changé, et les heures d'éveil supplémentaires ne sont pas de trop pour vivre ce qui se prépare chaque matin !

Après l'avoir côtoyée plusieurs fois sans m'y accrocher, c'est à cette période que je découvre véritablement la force de la méditation dont je reparlerai plus longuement. J'aime le sentiment d'accéder certains matins (pas tous bien sûr, parfois l'agitation est plus forte) à une écoute intérieure subtile, rassurante, délicieuse… Je me connecte à une autre dimension de moi, à un calme profond me permettant de mettre à distance les nombreuses sources de stress – tout n'est évidemment pas si rose ! La méditation est comme une porte secrète qu'on découvre dans son salon et qui permet de se glisser dans un autre chez-soi qui était là, qui nous attendait depuis toutes ces années, lumineux et accueillant.

LECTURE : *LES YOGA SUTRAS*, DE PATANJALI

Ouvrage culte des yogis, ce petit livre, dont l'auteur reste contesté, rassemble quatre chapitres d'aphorismes qu'on appelle les sutras, structurant la pensée et les grands principes de la pratique yogique, rassemblée autour de huit axes majeurs, les huit corps ou limbes du yoga. C'est sans doute le bon moment pour le présenter, car il aurait pu être le fil conducteur d'une histoire sur le yoga, de la mienne en tout cas.

1 et 2 : **Yama** et **Niyama** concernent nos valeurs et notre style de vie, en respect de soi et des autres. **Yama** regroupe un ensemble d'observances envers ceux qui nous entourent : la non-violence, en action en parole et en pensée, la sincérité vraie, l'honnêteté, le contrôle des sens ou des pulsions physiques, l'absence d'avidité et d'envie d'acquérir. Principes que l'on retrouve dans la plupart des grandes Sagesses !

Niyama est une règle de vie à s'appliquer à soi-même constituée de commandements moraux individuels : la propreté (entendue dans le sens de pureté du corps et de l'esprit), le contentement, la discipline, l'étude de soi et des textes conduisant à la connaissance de soi, et la foi en ce qui est supérieur ou divin.

3 et 4 : **Asana** et **Pranayama** sont des commandements physiques.

Asana est la pratique des postures permettant de faire circuler l'énergie dans le corps. Quand on est installé dans une assise ou position stable et confortable, alors on est en yoga. **Stira Sukham Asana**. « On the way to... »

Pranayama est le contrôle rythmique de l'énergie vitale (le prana) par la respiration. J'y reviendrai longuement tant ce pilier de vie est fondamental et structurant pour une vie meilleure. Respirer, tout simplement...

5, 6 et 7 sont les piliers de la méditation.

Pratyahara est le retrait des sens, que l'on peut apprendre à contrôler, apprivoiser, pour ne plus subir les

perturbations mentales induites par une sensorialité exacerbée. L'état de **Pratyahara** est l'observation de ce qui se passe, dans le plein instant présent.
Dharana, c'est l'art de la concentration parfaite, étape préalable indissociable de la méditation, qui se cultive à travers la pratique des asanas, du pranayama et de pratyahara. Débarrassé des distractions extérieures, nous sommes en mesure de gérer les distractions de l'esprit lui-même.
Dhyana est la méditation, que d'aucuns séparent à tort du yoga mais qui en fait intégralement partie au même titre que la pratique physique ou la respiration. La méditation, ou contemplation, est simplement un flux ininterrompu de concentration, un état de pleine conscience apaisée qui produit peu ou pas de pensée.
8 : **Samadhi**, enfin, est l'état d'Union, dans lequel on quitte la dualité pour entrer en une communion simple et évidente avec le Grand Tout, dans la conscience de l'Unité du monde. Ultime étape du yoga, **Samadhi** est Illumination dont on ne peut faire l'expérience qu'à travers un dévouement continuel à sa pratique yogique.
Il me semble important, dans une première approche, de comprendre que selon Patanjali (on pense aujourd'hui que Patanjali était sans doute plusieurs mains à écrire) il existe une différence majeure entre concentration et méditation : la première concerne l'élimination radicale des fluctuations de la pensée afin d'atteindre l'état de concentration sur un objet exclusif, la seconde met davantage l'accent sur le maintien d'une observation contemplative plus large, plus profonde et plus stable dans la durée. Si l'attention est fermement maintenue, l'état de méditation survient.

Je livre ici une vision très simpliste et simplifiée de ces huit corps, j'en assume la pauvreté car chacun mériterait son propre ouvrage, mais la clé de lecture me semble efficace. Pour être honnête, j'ai lu trois fois les *Yoga Sutras*. La première fois, c'était une balade de reconnaissance peu convaincante. Je n'ai pas compris grand-chose, piochant simplement çà et là quelques termes techniques éclairant ma pratique. La deuxième, certains réverbères se sont allumés sur la route avec l'envie de creuser ; la troisième a été la révélation d'un chemin plein de richesses et d'enseignements.

Mes balbutiements de méditante ont progressé et se sont consolidés au fil de ces lectures, et, s'il n'y en avait qu'un à retenir, j'aimerais partager ici le principal sutra sur la méditation : « la méditation est un flot continu et stable d'attention dirigé vers le même point ou le même lieu ». Point commun avec l'école de méditation athée qu'on appelle la *mindfulness*, ou méditation de pleine conscience : méditer ce n'est pas faire le vide, mais faire le plein. Être dans une attention ininterrompue et dans un instant présent d'une acuité pure et parfaite pour traverser les couches d'observations, puis de sensations, et enfin d'émotions.

Comment les ressentir, sinon ?

Si l'on n'appuie pas sur le bouton pause du temps chronologique, le mental ne peut pas trouver le chemin vers l'observation de son propre comportement, puisqu'on l'alimente sans cesse de nouvelles pensées, de nouveaux mots, de nouvelles actions à analyser et à conduire, sans autre relâche que celle du sommeil ! Comment, sans méditer, le mental épuisé et sursollicité peut-il trouver l'espace-temps pour développer l'attention vigilante nécessaire au décryptage de tout le gloubi-boulga qu'il ingère toute la journée ?... Plus de trente mille pensées par jour à démêler, dont 80 %, dit-on, sont constituées de peurs, d'angoisses ou de colères.

Je ne suis pas dogmatique, ni dans mes pratiques ni dans mes cours de yoga et de méditation. Comment oserais-je l'être ? Pour moi, l'arrêt sur image de l'instant présent s'installe quelles que soient la méthode et l'école de méditation de chacun, religieuse ou athée, compassionnelle ou bouddhiste, philosophique ou thérapeutique, transcendantale ou zen. Et même la méditation en mouvement, les marches méditatives ou le nouveau tendance « *mindful eating* » (THE technique pour ne plus grossir en mangeant) sont susceptibles de conduire vers Soi, si tant est qu'on respecte les règles du silence, de la régularité, de l'attention à sa respiration, de la présence à tout ce qui nous entoure, du non-jugement. J'en reparlerai car les expériences méditatives simples ou parfois surprenantes ont jalonné mon histoire de « yogini chargée de pensées parasites ».

Si vous vous lancez pour la première fois, je vous conseille d'utiliser des béquilles pour commencer et éviter de vous décourager : la connexion au mouvement du souffle, l'observation d'une bougie, le chant d'un mantra méditatif sont autant d'aides précieuses à la méditation. Chacun doit explorer sa propre pratique pour trouver celle qui sera sa compagne de vie. Car le plus dur, comme dans une histoire d'amour, n'est pas de commencer mais de durer…

Décembre 2015 – Rituel Cacao, soirée chamanique au Tigre…

J'ai accepté d'accueillir un groupe de copains yogis pour une soirée Cacao. Pour leur faire plaisir, peut-être aussi parce que j'ai envie « d'en être », parce que « je suis cool »... Je n'ose pas leur avouer que je ne sais absolument pas de quoi il s'agit, en me demandant jusqu'à la dernière minute pourquoi je n'ai pas dit non. Une petite appréhension monte : ils attendent une bonne cinquantaine de personnes. J'ai peur qu'on abîme mon nouveau Tigre qui vient d'ouvrir il y a quelques mois au cœur de Saint-Germain-des-Prés, encore tout beau tout neuf. Je suis tendue sans vraiment comprendre pourquoi, ce n'est pas mon état habituel... J'ai quand même grappillé quelques infos : la cérémonie va consister en une célébration sacrée du cacao d'Amazonie à travers la méditation, les chants, le yoga et la danse extatique pour préparer l'esprit à recevoir LA fève sacrée de cacao pur. Sur le papier c'est plutôt bon enfant. Et on m'annonce une relaxation finale qui ouvrirait le champ de la pensée cosmique pour intégrer toute cette magie... Voilà...

Mais quand je les vois arriver, je me dis que mon intuition n'était pas fausse. Ils sont beaux, bordéliques, un peu sales, encombrés de sacs, d'enfants pas trop élevés de différents âges, d'instruments de musique, de plumes de paon, de fleurs et autres totems... Ils me rassurent, ils n'ont pas besoin de moi pour s'installer (cool), ils seront prêts dans 30 minutes... OK...

Dans le groupe se tient en retrait une femme plus âgée, de toute évidence sud-américaine – en l'occurrence, mexicaine – et sans doute chamane, dont aucun code vestimentaire ne fait défaut : poncho coloré, tresses, grigris osseux au cou, chapeau, plumes aux oreilles. Je pourrais être dans *Tintin au Mexique*. Elle a un regard doux et commence à installer un autel sacré sur le desk du Tigre, au milieu des ordinateurs, des piles de brochures et des plannings... Plume de pigeon, poignard à lame courbe, statuette aztèque, fleurs, encens, objets divers non identifiés, pièces de monnaie… Je reste près d'elle, intriguée, curieuse, j'aime sa présence chaleureuse. Elle me regarde au fond de l'œil, sourit et, sachant que nous ne parlons pas la même langue, demande à une « collègue » de s'approcher pour traduire. Elle me remercie de les accueillir, me félicite sur la beauté du Tigre, bla-bla-bla, puis me dit que les esprits sont là pour soutenir ma réussite (n'oublions pas que j'ai ouvert ce Tigre depuis trois mois, toute intervention divine est bonne à prendre !) et me glisse dans la main une grosse pièce (en chocolat) qui doit m'apporter succès et prospérité. Je la remercie, larmes aux yeux car je suis émotive en décembre, je tiens la pièce dans ma main comme un Graal en cristal, et la soirée commence.

Chants sans paroles, danses mystiques, enfants qui courent, tambours qui jouent, dégustation sacralisée du cacao cru, je lâche prise pour essayer d'oublier que le son est trop fort, que les voisins m'insulteront demain, que l'équipe ménage ne saura pas par où commencer, que je serai encore plus fatiguée que la veille. J'ai chaud, je pars dans le rythme et la nuit passe pour se terminer tard, très tard.

Quand je me réveille embrumée le lendemain, pour une fois après 6 heures, Alma, déjà debout, me regarde avec l'œil coquin de celle qui a joué un petit tour. Le temps que je comprenne qu'elle a la pièce en chocolat cachée dans la paume de sa main, sa dextérité à la déshabiller pour la fourrer dans sa bouche dépasse la mienne à la lui arracher des mains. Je crie (je hurle) « NON !!! !! » et me précipite pour lui retirer de la gorge les morceaux non croqués et les remettre dans leur enveloppe en alu, mais la reconstitution « façon puzzle » de mon si précieux viatique vers une future fortune ressemble aux ruines de

Pompéi… je suis désespérée… Je m'exhorte en boucle… « N'y vois pas un signe, n'y vois pas un signe, n'y vois pas un signe… »

LECTURE : *LE CINQUIÈME ACCORD TOLTÈQUE*, DE DON MIGUEL RUIZ

Pour les non initiés qui ne connaissent pas encore les *Quatre accords toltèques*, vous pouvez gagner du temps et commencer par celui-ci.

Décembre 2016 – Rituel Cacao, soirée chamanique

Trop d'ego, trop de confiance, trop de fuite en avant. Appuyer sur le frein et boucler sa ceinture très vite. À défaut de marche arrière, stopper la marche avant. Je ne sais pas compter, je n'aime pas contrôler et je peux à peine gérer. Je suis le capitaine – sans permis bateau – d'un ferry-boat rempli de passagers. La peur de l'échec si proche me rend soudainement plus humble. Les chiffres du Tigre sont catastrophiques, la rentabilité dégringole à la même vitesse que le chiffre d'affaires progresse, les impayés s'accumulent, les clients sourient et promettent de payer plus tard, et tout le monde attend de moi que je redresse la barre, sauf que je ne sais pas comment faire. Je me rassure avec mes vieilles armes marketing d'étudiante dauphinoise peu assidue et ponds une matrice SWOT du Tigre en pleine nuit d'insomnie. Utile ou pas, cet exercice a le mérite de recadrer ma pensée de chef d'entreprise en difficulté sur les forces du Tigre mais surtout sur toutes les menaces et faiblesses. J'ai besoin d'aide, c'est évident ! Alors j'avoue, je ramène le bateau au port en annulant la prochaine croisière, et je me concentre sur sa remise à flot.

Les vacances arrivent, enfin. Je fais le bilan d'une année dans laquelle je n'aurais pas pu caser une seule émotion supplémentaire. La maladie de mon beau-père que j'aime tant, la maladie de Maman et sa vie arrêtée aussi vite que vécue, les semaines d'émotions familiales, la séparation de quelques mois avec le père de mes enfants, l'ouverture du Tigre Deauville après un chantier de travaux à rebondissements, l'écriture de mon premier livre publié en octobre, mon voyage en Inde – trois semaines de fuite en solitaire –, une violente tendinite à l'épaule (pourquoi le corps n'aurait-il pas décidé d'avoir sa part d'attention à un moment ou un autre ?), l'ouverture glamour et pleine d'espoirs du Tigre Neuilly, le démarrage en septembre de ma formation de professeur de vinyasa, le départ des uns et des autres, compagnons de route infidèles ou peu reconnaissants, la trahison d'une alliée du Tigre, le deuil insurmontable que mon fils endure depuis le départ de sa grand-mère, mes 39 ans et tous les doutes de la dernière ligne droite vers les 40, et bien sûr tous les petits signaux qui auraient dû m'alerter au fil des mois… Comment vous dire…

L'année se termine les pieds dans le sable mauricien avec un profond sentiment d'épuisement. Devant la lune du Nouvel An, je fais des vœux pour qu'une fois de plus elle absorbe mes peines et mes doutes, et je me réveille le 1er janvier le cerveau vide, sans aucune idée de ce que j'ai formulé, pour recommencer sur une page blanche.

« Les émotions sont des messagères. Elles sont là pour nous indiquer que nous devons prendre des mesures fortes, dans

notre vie et dans nos relations avec autrui. Tout comme il faut du temps pour se muscler, il en faut également pour renforcer notre capacité d'accueillir nos émotions et de leur répondre au lieu de les fuir. Les accueillir pleinement aidera à trouver des solutions créatives et à profiter de chaque instant de sa vie. »

Décembre 2017 – Yoga, la voie des étoiles

Sthira sukham asanam : stable et confortable. C'est juste ça « être en yoga ». Stable et confortable dans une assise. C'est comme dans la vie, être capable de trouver le confort dans l'inconfort, la stabilité dans l'instabilité. Le yoga c'est un état d'esprit, un art de vivre, l'art de comprendre que notre corps est notre meilleur professeur, et que celui qui l'écoute est le meilleur élève de la classe. On touche au spirituel, on touche au sacré, sans procession ni vocation. Pas besoin de faire le grand écart ou de vivre en turban sur les mains. Les codes du yoga existent, les images glamours aussi, et pourquoi pas ? Mais ce n'est pas que ça.

Le yoga c'est la santé, physique et mentale, c'est une joie intérieure communicative, une envie de s'ouvrir et de partager qui nous fait parfois défaut. Car être yogi ce n'est ni s'isoler ni renoncer, ce n'est pas chercher à atteindre seul une destination, mais voyager à la rencontre de soi et du monde.

Sans dogme ni prosélytisme, le yoga c'est aussi un enseignement philosophique et spirituel ; cela peut venir progressivement, en glissant dans le temps d'une approche purement physique vers une autre voie, plus profonde, moins insipide, moins illusoire.

Le yoga, pour moi, c'est autoriser la révélation des messages, ouvrir le canal d'expression des joies et des souffrances de chacun, présentes et passées. Le yoga c'est une écoute intérieure perpétuelle, patiente et attentive, permettant de trouver la connexion du corps et de l'esprit : sens profond du yoga, la racine *yuj* en sanskrit, c'est l'union.

Pourquoi et comment ce cheminement vers une quête de l'union corps-esprit est-elle devenue universelle, m'amenant, moi comme tant d'autres, à changer de vie, à quitter celle que je menais pour embrasser celle-ci ? Après quelques années d'expérience « de l'autre côté de la barrière », je vous livre des clés de réponses personnelles qui n'engagent que moi…

Parce que les rythmes de la vie sédentaire nous ont progressivement consumés de l'intérieur.

Parce que nombre d'entre nous cherchons une intégration harmonieuse du spirituel et du matériel dans une voie accessible « pas trop barrée ».

Parce la culture du workaholisme est révolue au profit du « sens à l'action », et que le mouvement de la slow life a pris le pas sur la recherche permanente de productivité.

Parce que le développement personnel n'est plus une option New Age pour quadras en quête de job ou de diplôme de MBA et que nous envions secrètement la force vitale rafraîchissante de ceux qui ont eu le courage d'embrasser une vie plus simple et plus proche de la nature.

Parce que la recherche de l'expérience, du voyage, du « trip » vaut plus que la recherche de profit ou de plaisir hédoniste névrotique, souvent insatisfaisant.

Parce que l'urbanisation a consolidé les barrières et les peurs sociales et qu'on cherche aujourd'hui à transformer ces hêtraies virtuelles en arbustes, pour se reconnecter les uns aux autres, simplement, et surtout physiquement.

Parce que le lien virtuel de l'hyper-connexion tend à appeler un retour au lien humain, à l'autre comme à la terre, charnel et tactile.

Parce que la population accepte de vieillir, mais veut vieillir bien, créant un marché du *well-ageing* colossal où foisonnent les nouvelles thérapies, un champ passionnant à défricher sur lequel le yoga prend aussi racine.

Parce que la santé mentale passe inéluctablement par la santé physique, et réciproquement : tout le monde le dit, et désormais presque tout le monde le sait. Merci les neurosciences et merci les médias.

Parce que la nourriture transformée nous fait peur, tout comme la médecine traditionnelle allopathique, dont beaucoup se détournent.

Enfin parce qu'on n'a qu'UNE vie, dont le corps, fragile et sensible, est l'unique véhicule. Interdit de ne pas en prendre soin, interdit de ne pas le respecter, de ne pas l'aimer. Et c'est une ancienne névrosée addicte enfin HEUREUSE qui vous parle.

Janvier

Janvier 2009 – Anorexie d'hiver

Je suis une jeune maman, seule, perdue, et je mens à tout le monde, beaucoup aux autres, un peu à moi-même. Tête haute et regard vide, j'ai froid et je n'ai goût à rien, même pas aux pleurs de mon fils âgé de deux mois. Je pleure autant ou plus que lui, et je sombre, par détresse ou provocation, dans une anorexie violente... Pour être sincère, j'ai toujours rêvé d'être mince, et j'ai enfin l'occasion de toucher du doigt la vraie tristesse qui me permet de justifier cette quête d'un état physique filiforme.

Je marche des heures dans la nature, lui dans sa poussette, moi dans mes baskets, sans regards, musique à fond dans les oreilles pour n'entendre ni ses soupirs ni ceux de la nature qui m'entoure. Je suis si seule ! Alors je vis dans des projections, et dans ces projections le père de mon fils est fou de moi, il va venir me chercher sur son cheval blanc, il va m'emmener loin, je serai mince et belle, il sera amoureux de moi et de moi seule, nous ne serons plus trois dans l'histoire, il sera admiré et puissant, nous serons unis dans la passion, la gloire, la folie. Le Brésil, l'Inde, les pays du Golfe, toutes les frontières nous serons ouvertes…

Mais pour l'instant je marche sur les chemins boueux de la Normandie hivernale qui m'héberge pendant mon congé mat. L'inutilité de mes journées passées entre couches et biberons, entre feux de cheminée et affrontements pluvieux instillent une dangereuse déprime hivernale + post-grossesse + post-largage + post-tout…

Pour donner corps à mes fantasmes, je vide le mien. Et ça se met en route, un peu plus régulièrement chaque jour : je monte toutes les quatre heures sur la balance, après chaque passage aux toilettes, ce sont mes petits moments de satisfaction dans lesquels je projette mon futur moi-de-rêve, une femme mince, sexy et glamour qui va aimer et être aimée. Je n'ai pas encore eu mon retour de couches et je suis déjà en dessous de mon poids pré-grossesse. Beurk, j'étais vraiment horrible sur ces photos qui habillent la maison : quelle grosse vache ! Je vais être tellement plus belle bientôt !

Il me faudra de longs mois pour accepter le concept, la terminologie, l'impact négatif à court terme, les conséquences à long terme de cette chose : A-NO-RE-XIE. Car ça porte un nom.

Je suis partagée entre l'excitation d'être entrée vraiment dans une pathologie dont j'entendais préventivement parler depuis l'enfance avec, comme toutes les jeunes filles, un certain fantasme, entre une forme de fierté « d'en être » et une petite peur de l'inconnu. Jusqu'où vais-je aller ? Je perds mes cheveux, mon corps se vide, mes os se fragilisent. Mais pour l'instant j'aime de plus en plus ce corps que je hais. Je fais disparaître pour de bon ces chairs graisseuses, rejetées avant moi par l'homme que j'aime, et je savoure la jouissance de me faire vomir plusieurs fois par jour comme je savourerais un goût délicieux mais à l'envers, ressentant à chaque fois un peu plus intensément la libération que représente le fait de vider mon organisme de toutes les substances étrangères, caloriques et malvenues. Comment ai-je pu aimer manger alors que c'est si bon d'être vide ! Montaigne : « De nos maladies, la plus sauvage est de mépriser notre être. » L'apparition de la pointe des os du bassin est célébrée par l'achat d'un nouveau pantalon taille basse. Les journées sont de plus en plus longues et lentes : chacun a ses petits bonheurs dans la vie.

Accès de violence physique envers moi-même, excès de violence verbale envers les autres, dureté, fermeture, rejet. L'attitude de l'anorexique est une construction protectrice néfaste, un socle de vie malsain qui sera long et lent à déconstruire…

Janvier 2014 – Serpent, énergie et Tigre

Je suis plongée dans ma nouvelle vie, ma curiosité et mon enthousiasme sont insatiables, chaque souffle est énergétique et souriant, je suis proche de l'euphorie. Si ce n'était les biberons nocturnes d'Alma (n'ayant plus une goutte de lait à lui offrir), je verrais à peine que le monde continue de tourner en dehors des murs de la rue de Chaillot, rue du Tigre.

« Que vous pensiez être capable ou ne pas être capable, dans les deux cas vous avez raison », a écrit Henry Ford… Le Tigre m'aide à reprogrammer mon subconscient pour faire disparaître mes croyances limitantes. Rien n'est impossible et je me sens habitée par un sentiment de puissance organique.

Je circule de rencontre en confrontation, d'expérience en émerveillement, et dans ces premiers mois de ma nouvelle vie d'entrepreneuse et de maman jamais fatiguée je découvre une forme de yoga qui m'était jusque-là inconnue dans mon chemin de yogi : le kundalini yoga. Caroline B. me propose une immersion de deux heures dans une séance de kundalini et gong. Évidemment j'y vais.

Dans la tradition du yoga indien, le prana, notre énergie vitale, circule en mouvement ascendant le long de la colonne vertébrale, comme un serpent, montant en spirale à travers les principaux canaux de circulation, Ida, Pingala et Sushumna. Ce serpent est la kundalini, symboliquement enroulée à la base de la colonne vertébrale, qui conduit l'ascension de l'énergie vitale du chakra racine Mulhadara, situé dans la région spinale, au niveau du sacrum, vers le 7e chakra, le chakra coronal situé sur le sommet du crâne. (Je retrouve mon Serpent !)
Quand la pratique est puissante, on peut ressentir très intensément cette montée de prana, accompagnée de chaleur, de visions ou autres picotements, et atteindre une forme d'expérience de l'Union... Union du prana au corps, du corps au mental, du mental au corps céleste, cosmique, aurique, union de cet autre corps dans le grand Tout, pour peut-être un jour être dans l'Unité, dans l'état de Non-Dualité.
Dans la tradition yogique, notre être se compose de trois grands corps :

– Le corps causal, ou corps spirituel, siège de l'âme, de la joie et du bonheur, qui est au-delà du temps et de l'espace.
– Le corps subtil, corps psychique qui accueille l'ego, l'intellect, la raison, la conscience... Cette enceinte du mental est aussi l'antre des émotions, de la mémoire, des conditionnements, des instincts. Ce corps subtil n'existe que dans le temps, pas dans l'espace.
– Le corps physique, dense, qu'on appelle aussi le corps grossier, installé dans des repères spatiotemporels déterminés. Ce corps est une enveloppe de vitalité accueillant le prana, l'énergie circulant à travers une structure très complexe de canaux répartis dans tout le corps, et c'est dans ce corps physique et moléculaire que se manifestent les sensations.
Quand toutes les enveloppes corporelles se fondent et s'harmonisent dans notre corps pranique ou éthérique, composé de 72 000 vibrations, la multiplicité se dissout dans l'Unité. Si c'est abstrait, lisez ces mots en en recevant simplement la vibration, sans chercher à en absorber le sens.
Conceptuellement, le corps pranique, champ de travail du kundalini yoga, est ainsi le corps de la guérison et de l'impermanence matérielle, de la dissolution du temps dans l'espace.
Cette conception de la physiologie humaine, passionnante si l'on accepte de lâcher notre vision « académique » du corps moléculaire, est très différente de la façon dont on conçoit l'organisme humain en Occident, et l'anatomie et la physiologie subtiles et énergétiques offrent un champ d'exploration passionnant pour les yogis.

En kundalini yoga, chaque session est une expérience, un voyage, ou plutôt une étape du voyage, durant laquelle

s'enchaînent les mantras – chants répétitifs permettant d'entrer en transe méditative –, les respirations puissantes et nettoyantes (qu'on nomme les kriyas) et les mouvements du corps intenses, passage obligé pour dénouer les nœuds bloquant la circulation énergétique. Chacune de ces étapes révèle une force de vie insoupçonnée à l'intérieur de notre enveloppe corporelle.

En ce premier hiver de Tigresse, je vis pleinement mon initiation kundalinienne, dépassant mes doutes sur la répétition des formules cabalistiques pour entrer en connexion avec une autre enveloppe corporelle… Sincèrement, je me sens revivre ! Avec surprise, félicité et curiosité, j'accueille chaleur, picotements, frissons et visions, tous les marqueurs d'un nouvel influx vital, ce fameux serpent qui vibre et monte le long de ma colonne. Pas jusqu'au sommet du crâne, point trop n'en faut, mais il y a une montée d'énergie certaine, palpable, vibrante. J'adore et je peux dire que je suis « en transe ».

Objet de malentendus, le kundalini est appelé également « yoga de la conscience » ou « mère de tous les yogas », depuis qu'il a été importé en Occident dans les années 1970 par le maître indien Yogi Bhajan. Sa source tantrique a pu être l'origine de nombreuses craintes ou jugements – par rapprochement analogique avec une secte –, et il nourrit encore aujourd'hui de nombreux fantasmes, même s'il conquiert de plus en plus d'adeptes à cause de ses innombrables bénéfices.

Mes propres réserves s'envolent dès ce premier voyage, malgré l'ensemble des codes qui auraient pu me glacer : vêtements blancs, turbans, peaux de moutons, mantras et autres rituels qui composent la pratique. Le kundalini réarbitre et réconcilie le sensoriel et le spirituel, inutilement divorcés. Je suis témoin, porte-parole, et je deviens un peu actrice de l'élargissement du cercle d'adeptes, au point d'être aujourd'hui entourée d'anciennes élèves apprenties comme moi devenues à leur tour enseignantes et « prêcheuses ».

Janvier 2015 – Micro-chakras

Un Maître Indien de 83 ans, dont l'aura et le charisme me bouleversent, me propose de faire « une lecture de mes microchakras »... Shyamji Bathnagar est LE maître vivant indien du naada yoga, le yoga du son. Fondateur de la psychologie des microchakras – les milliers de canaux énergétiques qui sillonnent le corps –, il enseigne l'intériorisation et l'observation de soi par la voie sonore. Son système, issu du tantra et du védanta, intègre une psychologie profonde, structurée et subtile, à une pratique correspondante de sons et de mantras. L'idée est de faciliter la libération des blocages énergétiques, préalable indispensable à une véritable évolution spirituelle.

L'homme à la silhouette bollywoodienne et au regard profond parcourt le monde de Paris à New York en passant par l'Allemagne, les Pays-Bas, l'Inde, la Colombie... Il donne des concerts au prestigieux Carnegie Hall, propose des « body purifications » tout au long de l'année, mais aussi des consultations personnalisées pour analyser les blocages des chakras...

« Sa voix unique émet des vibrations rares capables de raffiner les différents registres de l'être représentés par les chakras, en agissant sur leurs voies d'accès : les microchakras. Son enseignement sur le son est indissociable d'une très fine observation de soi. Son approche s'adresse à toute personne en recherche d'évolution spirituelle, ou simplement de paix intérieure, de joie de vivre »… À la lecture de ce propos liminaire très marketing envoyé par son assistante, je sens que je suis prête.

Quand j'arrive chez lui, Shyamji m'observe longuement, me pose quelques questions anodines sur ma vie, mes enfants, puis va droit au but : le Tigre c'est formidable, mais je dois comprendre la philosophie du yoga, dépasser mon ego et expérimenter mes ressentis profonds… sans marketing (pas de jugement, mais quand même !). Je suis allongée sur un vieux canapé ; il touche des points de mon dos le long des méridiens pendant une très longue heure, en silence, comme s'il décryptait à l'œil nu la carte de mes microchakras, pour conclure dans un sourire chavirant que je suis dotée de « *healing in my hands* » qu'il me faudra exploiter sur le chemin du Tigre, ou ailleurs. C'est sans fondement, mais sans appel.

Étrangement, j'accueille l'information comme une évidence. À la sortie, j'ai une lourde addition de produits, poudres, pilules et pierres en tous genres qui doivent m'aider à m'ouvrir à ma conscience… Gloups… je n'ai même pas réussi à dire non ! Malgré ce léger goût amer, je remonte en voiture, frotte les paumes de mes mains, observe la chaleur qui s'en dégage, et démarre, curieuse de ce que la vie me réserve maintenant. Graine de folie plantée en terre fertile, ça devrait pousser…

« Je veux n'être rien d'autre que quelqu'un qui dit oui. »

Friedrich Nietzsche

Janvier 2016 – Végétarisme

Anecdotique, néanmoins cette étape est importante dans ma vie. Finito la barbaque ! L'arrêt définitif de la viande et assimilés, volailles et charcuteries, est la dernière étape des mois et années d'évolution de mon bol alimentaire. Mieux manger et partager s'inscrivent au champ de bataille du mieux-vivre quotidien. Le tofu fumé et ses camarades protéines végétales viennent compléter l'étagère déjà large de bocaux de graines, bouteilles de tamari, pots d'huile de coco, sésame noir, sirop de coco, sarrasin et autre spiruline et moringa... Je me sens pousser des ailes de Gwyneth Platrow en bleu, blanc, rouge.

Moi qui détestais cuisiner et vivais avec un frigo assez vide, je me mets à assembler les couleurs, à réfléchir aux apports vitaminiques et nutritionnels, à associer légumineuses et super-aliments, à éplucher, cuire et faire bouillir dès que j'ai un peu de temps. Avec du recul et un peu de psychologie de comptoir, je suppose que cette étape « cuisine verte » m'a à la fois réconciliée avec mon ancien corps de boulimique capable d'avaler un Caprice des dieux entier en apéro du pot de Nutella, et aidée à retrouver une connexion aux cinq sens qui avait été éclipsée pendant de longues années, puisque je lui préférais sans détour la clope et l'alcool. Puissants annihilateurs de toute sensorialité.

C'est caricatural, mais tellement vrai : quand on avance sur le chemin de la connexion à son corps, de l'écoute de ses ressentis, de la perception des messages de son organisme, on a moins envie de faire du mal à ce camarade gentil et discret, véhicule de notre quotidien, notre corps. Et lui sait ce qui est bon pour lui, mais il le dit à voix très basse, dans un muet murmure...

Je progresse dans ma boboïsation, sous la risée – que j'assume – de mon entourage proche. Graines ultra-protéinées, super-fruits secs, pierres bienveillantes et huiles essentielles magiques cohabitent dans mon sac à main et offrent un prétexte d'ironie sans fin à ma famille non convertie. Au-delà du cliché, mon respect et mon besoin de la nature poussent dans les interstices du bitume parisien. J'étouffe de plus en plus souvent. Il n'y a plus de déconnexion entre la nature et nous, je le ressens profondément. Ce qui existe à l'extérieur existe à l'intérieur, nous sommes constitués des mêmes cinq éléments, la terre, l'eau, le feu, l'air et l'éther, ces cinq constituants primordiaux de nos cellules, de notre énergie, de chaque atome d'arbre, de pierre ou de plante. En nous ouvrant à ce ressenti, à cette connexion, nous trouvons une place plus juste dans l'orchestre de la vie, pour jouer du bon instrument sur une vraie partition et se sentir vivant. Et en harmonie, enfin.

Je suis maman, entrepreneuse, mince, je débute une nouvelle année pleine de foi en la vie et j'aime finalement celle que je deviens.

Janvier 2017 – Michel, géobiologue

Palo santo, sauge, gros sel, et autres petits tours de sorcière comme de « freezer » un potentiel ennemi : un échantillon des nombreuses astuces de psychomagie dont j'use et abuse, à mi-chemin entre la dérision provoquant le destin et la sorcellerie excitante. Je l'ai déjà dit, je crois à tout rationnellement.

Mais je n'avais jamais rencontré de Michel jusqu'à ce mois de janvier. Michel est un concept à part entière. Découvert par Lala, ma copine d'enfance devenue petite sorcière adorée, il se présente sur sa carte de visite comme géobiologue, mais entre les lignes il murmure qu'il est passeur d'âmes. En clair : il aide les âmes errantes en souffrance à « monter ». Si vous placez un point d'interrogation à la fin de cette phrase, je vous éclaire : les âmes errantes ce sont les âmes des personnes décédées qui nous entourent…

La géobiologie, selon Wikipédia, est la discipline qui prétend traiter des relations de l'environnement, des constructions et du mode de vie avec le vivant, de l'ensemble des influences qu'ont sur lui, notamment, les ondes liées aux champs magnétiques et électriques, les courants d'eau souterrains, les réseaux dit « géobiologiques », failles géologiques, telluriques, etc. L'Association française pour l'information scientifique classe la géobiologie comme une pseudoscience dont les méthodes d'investigation ne suivent pas une démarche rigoureuse et dont les résultats ne sont pas confirmés scientifiquement. Elle est ainsi clairement décrite par les scientifiques comme un champ d'étude irrationnel et, de ce fait, elle est souvent assimilée à un ensemble de croyances.

Pour ma part, bien sûr, j'y crois. Je n'ai pas le choix, car nous avons des fuites d'eau au Tigre qu'aucun plombier ne parvient à justifier ni à prendre en charge, et depuis quelques semaines nous rencontrons une multitude de problèmes de maintenance – électricité, chauffage, bris de lampes, vaisselle cassée à répétition… Et puis, surtout, « je sens ». Il y a des « bad vibes », ça devient une évidence quand j'arrive le matin, sans savoir comment expliquer ces mauvaises vibrations. J'ai des picotements, les jambes lourdes, un manque d'entrain immense. Bref, ça ne va pas. Dans aucun Tigre.

Avec sa vieille chemise de bûcheron, ses beaux cheveux blancs, ses gros godillots de cuir sans âge, son pendule à la main et son visage de grand-père qu'on aimerait adopter pour les vacances, Michel me met en confiance. Sourire tranquille, il déambule dans les couloirs du Tigre, pendule au bout des doigts, faisant fi des regards circonspects des élèves. Il pose ses mains sur les murs, baragouine tout seul quand il a découvert quelque chose, flaire partout, serein et déterminé, comme si le parcours de sa visite était tracé et monitoré. Il converse aussi un peu avec ses voix, ses guides invisibles, dans une relation *a priori* connivente. Puis il revient vers moi ; je suis installée devant mon ordinateur dans le coin salon, et il me regarde, interloqué : « Bah, vous ne m'avez pas dit que vous avez perdu votre mère ! – Bah, non… enfin oui… – Bon, je l'ai fait monter, la pauvre, elle était en souffrance, coincée là. – … Heu… Elle était là ? Près de moi ? – Oui la pauvre, elle est mieux en haut, maintenant. – OK… merci Michel… » Tout le monde me regarde. J'ai envie de pleurer et de l'étrangler, de rire et de fumer une clope, et vite de passer à autre chose, parce que c'est la vie. Il repart cheminer avec son pendule, absolument pas perturbé, lui.

Un par un, il « nettoiera » tous les Tigres, rencontrera des élèves, prendra ses marques, troublant certains, rassurant les autres.

Je ne peux plus ouvrir un Tigre ou même emménager dans n'importe quel endroit sans faire venir Michel ou Xavier ou un autre : chaque passeur de confiance nettoie les présences nocives ou simplement envahissantes qui alourdissent l'atmosphère. Qu'on y croie ou non, personne ne peut nier que certains lieux sont parcourus de mauvaises ondes – on les ressent à la seconde où on y pénètre –, quand d'autres sont au contraire instantanément chargés d'une énergie douce et confortable dans laquelle on a envie de se lover. Comme certains lieux paraissent spontanément cracra, d'autres ultrapropres. Pourquoi se passer de ce nettoyage énergétique ?

FÉVRIER

Février 1993 – Margaud, ma sœur

C'est désormais certain, elle est et ne sera pas comme les autres, comme moi sa grande sœur, comme les petites filles qui courent et chouinent et rigolent et développent coquetterie et enfantillages. Margaud est et restera dans sa bulle. Un voile d'égoïsme glisse de mes paupières, c'est la fin de l'enfance innocente… Le syndrome d'Ito que nous nous apprêtons à accueillir comme un nouveau membre de la tribu est rare et insoignable. Une forme de handicap lourd associant autisme, épilepsie, et dysfonctionnements psychomoteurs divers et variés. L'étendue de son spectre ne nous est pas encore dévoilée mais, à demi-mot, chacun de nous a compris que l'horizon de l'avenir familial est brûlé. La famille se ressoude autour de mon père et de ma belle-mère, parents innocents, pudiques, courageux, détruits, combatifs. L'impact des petites histoires d'argent et de tromperies vire à l'incongru face au drame réel qui se joue : la solidarité emporte tout dans un flot d'amour.

Je pleure parce que j'ai envie de comprendre, je pleure parce que mes fantasmes d'une petite sœur, enfin une fille, moi qui ai trois frères (et qui finirai par en avoir cinq que je chéris profondément), restent des fantasmes. Je rêvais d'une sœur que j'habillerais comme une poupée, dont je ferais un mini-moi, que je dévergonderais avec complicité comme ma sœur aînée l'a fait avec moi, et ce rêve s'envole en quelques phrases prononcées par mon Papa abattu, les yeux pleins de larmes, pudiquement baissés vers le sol. Elle va grandir mais le handicap nous éloignera à tout jamais.

Comment vous décrire les scènes absurdes de violence contre elle-même qui, dans quelques années, deviendront quotidiennes, ces scènes de rapport animal à son propre corps, à ses déjections, ces scènes surréalistes où un enfant petit et innocent crée de la révulsion physique à sa propre sœur… J'ai lutté contre ce rejet au début, j'ai lutté contre ma propre honte quand j'entendais les autres enfants, les « normaux », en vacances, rire d'elle et de son attitude étrange. Et puis j'ai cessé de lutter. J'ai accepté le dégoût qu'elle m'inspirait, j'ai refusé de m'approcher pour l'embrasser par peur de ses crachats, et la jeune adulte que je devenais a enfermé et cloisonné cette petite sœur grandissante dans un coin de son cerveau, suivant de loin ses progrès, son évolution bancale.

Elle ne pourra jamais parler ; elle ne s'est jamais exprimée autrement que par gargarismes et jets de bave ciblés sur ses victimes dont j'avais l'impression, moi la paranoïaque, de faire systématiquement partie. Elle ne sera jamais propre, elle ne sera jamais autonome, elle ne sera jamais femme. Ces certitudes, dévoilées au fil des mois au conditionnel, se sont progressivement conjuguées au présent, et j'ai apprivoisé ma répulsion d'adolescente, transformée en une forme de tendresse à distance lors de nos très épisodiques rencontres. Comment pourrais-je faire semblant d'avoir été autre chose qu'une très mauvaise sœur pour cette enfant merveilleuse qui n'aime rien tant que la piscine, la balançoire et le chocolat ?

J'admire mes parents pour leur amour inconditionnel – en aurais-je été capable ? –, j'admire mes frères qui ont choyé cette sœur bizarre avec humour, dérision et amour, j'admire même aujourd'hui ma fille qui s'est prise de passion pour cette tante étrange qui fait partie du paysage habituel de ses vacances bretonnes. Elle adore l'observer, commenter chacun de ses actes, elle aime rapporter ses faits et gestes comme autant d'épisodes de la série imaginaire « Margaud-fait-des-bêtises ». Peut-être son instinct de petite fille sauvage l'affranchit-elle de tout jugement esthétique et hygiénique de sa tante pour être dans une tendresse sincère, au-delà des différences... Ma fille me donne une leçon à chaque fois que je la vois avec ma sœur.

Est-ce que mon engagement associatif est né pour et par elle ? Par culpabilité, même si j'ai longtemps prétendu le contraire ? Depuis cette fin d'adolescence violente durant laquelle je me suis beaucoup bercée d'alcool, de nuits folles, de sexe et de liberté évanescente, j'ai eu besoin de « faire » pour les autres, besoin d'être utile, de donner pour mieux recevoir. Association pour les handicapés, association étudiante pour construire un orphelinat en Inde ou distribuer des médicaments en Afrique, association pour la réhabilitation du cheval kirghize (mais si !), association pour faire monter à cheval les enfants atteints de cancer, association pour favoriser la lecture des petites filles dans les pays sous-développés, maraudes nocturnes pour le Samu social, association pour offrir une fin de vie décente aux chevaux retraités, association pour promouvoir une école de musique multiconfessionnelle en Galilée, association pour aider les femmes atteintes de cancer à se dépasser par l'alpinisme, association pour faire circuler des bus médicaux dans les camps de réfugiés en zone de guerre, association pour soutenir des projets locaux pour les sans-domicile-fixe ou des opérations de chirurgie cardiaque pour les enfants… Des années d'engagements pour justifier mon désengagement ? Chaque cause était la mienne et je n'ai eu de cesse que de vivre intensément (excessivement peut-être) chaque moment donné pour un mouvement bénévole, quelles qu'en aient été la source et l'action. C'est devenu l'un des moteurs de ma vie, avec aujourd'hui la plus grande sincérité, et je n'imagine pas construire mon quotidien sans aider celui des autres.

Chaque matin quand vous vous réveillez,
Dites-vous que vous avez la chance d'être en vie,
Que votre existence est précieuse, que vous n'allez pas la gâcher,
Que vous allez utiliser toute votre énergie pour évoluer,
Pour vous ouvrir aux autres et leur faire le plus de bien possible.

Dalaï-Lama

Février 2000 – Bio et healthy food

Étudiante en marketing, je rends une étude sur l'avenir du bio. C'est alors l'étincelle d'une nouvelle voie de consommation coûteuse, peu impactante socialement et même écologiquement, et dont l'émergence est marginale. Trois mois de recherche m'ont interpellée et ont instillé en moi le soupçon d'une absurde incohérence chez de nombreux consommateurs : celle de consacrer autant de soin et d'attention à l'extérieur de son corps, enduit de crèmes et couvert de vêtements de marques, sans se préoccuper du poison que l'on distille allègrement à l'intérieur : sucres raffinés, produits transformés, acidifiants, émulsifiants, colorants, exhausteurs de goût et j'en passe. Moi qui suis par nature une victime joyeuse du marketing, une gourmande addictive, voire une boulimique névrotique, regarder d'un nouvel œil mes surimi adorés et autres pots de tarama rose bonbon et Nutella 100 % plein de bonnes choses est une première interrogation qui débouchera sur un combat ultérieur passionnant pour me nourrir moins et mieux.

Rappelons que, en crise, j'étais capable d'avaler cinq barquettes de restes froids du traiteur chinois, de jour comme de nuit… ! Je suis dans l'émergence lente mais solide d'un sentiment de paranoïa aiguë envers les productions alimentaires industrielles chimiques, car qui transforme abîme – et ce sentiment va trouver son point paroxystique quelques années plus tard…

Ce sera tout mon paradoxe : je mangerai bio, je vomirai bio…

Mais parce qu'on est en l'an 2000, parce que je suis une jeune étudiante presque insouciante concernée par une lame de fond naissante appelée la conscience écologique, cette étape anecdotique me semble mériter d'être soulignée.

Février 2002 – Boulimie du bout du monde

Je vis depuis trois mois en Australie, comme un poisson dans l'eau. J'assiste la directrice marketing d'un commissaire-priseur qui vend aux enchères des chevaux de course, et je découvre que c'est un vrai métier. Passé les premières semaines à sourire niaisement et à dodeliner des *yes/no* sans avoir aucune idée du sens des conversations, j'ai pris mes marques et je commence à comprendre que le *grrray mate* matinal signifie phonétiquement « salut » et que je peux y répondre en hochant la tête, ça suffit.

Je souris encore de ma naïveté du premier jour quand, sortie sur la terrasse du bureau pour prendre l'air (= fumer une cigarette) face au jardin, j'ai rameuté, surexcitée, la moitié de mes nouveaux collègues pour leur faire découvrir un étrange oiseau au long bec qui se pavanait gracieusement sur la pelouse… pour comprendre dans leur regard pantois (et un peu bovin avouons-le) qu'il ne s'agissait de rien d'autre que du pigeon local, dont les nombreux congénères, tous remarquablement identiques, sillonnaient l'ensemble de la pelouse sans s'inquiéter d'un quelconque regard. De l'art de se taper l'affiche !

Finalement, ils m'aiment bien, ces Australiens. Surtout depuis que, dans une inspiration alcoolisée encore incompréhensible aujourd'hui, j'ai eu l'idée lumineuse de leur apprendre « le jeu du glaçon » lors de la soirée d'équipe de Noël… Cette géniale idée m'a permis d'être cataloguée rapidement comme allumeuse alcoolique, mais leur aura offert des souvenirs à raconter dans leurs foyers respectifs comme le meilleur *Office Christmas* de leur vie !

Maintenant que je suis entrée dans ma nouvelle vie, j'attends impatiemment Maman qui vient passer une semaine avec moi. Je suis excitée comme une puce, je prépare tout, j'organise les visites et je booke les restos, je lui glisse au passage au téléphone que j'ai pris quelques kilos (8 ou 9… rien de grave à ce stade) car je sais qu'elle s'en rendra compte par elle-même à la seconde de son atterrissage, et je me trémousse à l'idée de sa valise remplie de cadeaux dont je rêve comme un enfant la veille de Noël. Nous nous parlons chaque jour avec des mots d'amour d'une tendresse infinie pour préparer nos retrouvailles merveilleuses…

Mais comme rien n'est jamais gagné – car rien n'est déjà écrit –, son premier regard sur mes grosses cuisses me suffit pour comprendre. Passé les câlins et l'installation à l'hôtel, c'est l'heure du déballage joyeux des cadeaux : une robe rose taille XXL, la même en noir (ça amincit), des sous-vêtements taille 42, une ribambelle de cadeaux tous plus grands et informes les uns que les autres, et des gélules prescrites par son copain médecin qui sont le tout-nouveau-remède-miracle pour « éliminer les graisses » en passant ses journées à se vider de son gras aux toilettes. Le message est clair, Maman n'a jamais aimé et n'aimera jamais les grosses. J'ai envie de pleurer mais je sais que l'heure est à la légèreté, façon de parler, donc je remercie. Et c'est parti pour une semaine… Une semaine de non-dits, de non-reproches, de regards entendus, de restos où je m'interdis la dernière page des menus, de soupirs méprisants face à l'ordinaire des Australiens. Rien ne lui plaît, tout est moche, trop loin, trop gros, trop gras, trop plouc, trop fatigant. Schisme de rancœur sourde. Six jours, ça passe vite, mais, avant de passer, c'est assez long. Ironiquement, le départ est malgré tout une déchirure car je sais qu'elle a fait ce long chemin pour moi, donc pour rien, et que je n'ai pas pu lui dire à quel point je l'aimais. Je me sens vide et triste quand l'avion décolle. Et (très) grosse.

Vite boire, vite manger, vite trouver des bras pour me consoler sexuellement et me faire oublier que je n'attire plus ma mère. Insuccès : dans cette nouvelle peau de ronde (on en est à + 10 kilos), personne ou presque ne veut de moi, en tout cas pas pour un lendemain de nuit. J'accélère un peu la consommation d'alcool et me bâfre de bonheur avec un paquet de noix de cajou dans mon sac pour remplacer les clopes (impossible de me souvenir pourquoi j'avais décidé d'arrêter, mais j'ai vite repris).

Au passage, je n'ai plus mes règles depuis New York l'année dernière. Je fais comme si je n'avais rien remarqué et comme si tout était normal.

À mon retour d'Australie, quelques mois plus tard, je pèse 66 kilos (14 de plus qu'aujourd'hui). La faute aux hormones, sans doute, à la bière, sûrement, aux noix de cajou et abus en tous genres. Surtout ne pas consommer avec modération. J'ai découvert le yoga pour résoudre les problèmes d'insomnies, mais je suis « obèse ». Mon grand amour de jeunesse que je pensais retrouver sagement à Paris me quitte sans préavis le jour de mon atterrissage, je me réfugie donc – si je puis dire – dans l'alcool et la fête débridée.

L'expérimentation de mes limites corporelles bat son plein. Une phrase résiliente émerge des vapeurs d'alcool comme une promesse : « La vie a plus d'imagination que toi… » Lâchée avec grandiloquence par une célèbre actrice française en réponse à mes larmes de copine-de-sa-fille-qui-s'est-fait-larguer, elle m'offre sans le savoir mon premier mantra qui n'en porte pas encore le nom mais sous-titrera toutes les rencontres et histoires folles dans lesquelles je n'aurai jamais peur de m'aventurer.

LECTURE : *LE MAÎTRE ET MARGUERITE*, DE MIKHAIL BOULGAKOV.... MON LIVRE PRÉFÉRÉ DE TOUS LES TEMPS.

Février 2014 : État modifié de conscience

L'EMC, ou état modifié de conscience, est aujourd'hui considéré comme un possible avenir de la psychothérapie. J'ai expérimenté auparavant plusieurs formes de psychothérapie, sans vivre réellement d'expérience hors-norme. Cette fois c'est différent. Je médite profondément, je pratique le yoga quotidiennement. Pourquoi ce jour-là s'est-il passé autre chose, je suis incapable de le dire, de l'écrire. Je suis en cours de jivamukti, une pratique de yoga spirituelle et très dynamique, mon corps brûle d'un feu intérieur inhabituel. Des visions passent et repassent chaque fois que je ferme les yeux, je suis emportée par le rythme de la musique, le rythme continu des asanas, le rythme de Carol I. qui nous entraîne. Apparaît cette image, entêtante, d'un animal, un loup peut-être, ou un félin, mais pas un Tigre, je m'en souviendrais, c'est plus fin, plus effrayant, plus sauvage. Je sors très secouée, très habitée, avec le réflexe inutile de chercher le sens de tout cela, de saisir le message caché derrière l'image, le symbole. Inutile parce qu'elle est éphémère, la sensation disparaît avant la pensée, puis la pensée avant l'image, et enfin l'image avant sa résonance rationnelle.

L'EMC, en déconnectant le mental de ses automatismes inhibiteurs, de ses peurs, de ses angoisses, permettrait de prendre du recul par rapport à son « je » présent, offrant l'espace idéal pour toucher à une forme de réalisation de soi grâce à un élargissement de la vision ou de la compréhension de soi. Des images peuvent se former pour véritablement bousculer la psyché, l'interpeller en un éclair.

Alors ça devait être ça, une première expérience réelle et palpable d'état modifié de conscience. Comme un shoot, une envie d'encore. Pour essayer de retrouver cette image, cet état – sans drogue ni alcool, je précise –, je reprends les mantras que nous avons chantés, murmurés ou simplement laissés résonner pendant le cours, comme s'ils pouvaient être un canal de connexion à l'invisible apesanteur qui m'a tant plu. Je rêve de repartir dans cet état de transe, j'ai l'impression que je n'ai pas saisi le message la première fois, il faut que j'y retourne. Alors je chante encore et encore.

Un mantra est une phrase sacrée qui provient du verbe sanskrit *man*, « penser », et de *trâna*, « protection ». C'est une formule mentale qui protège, inspire, influence... Un condensé d'une série de sons répétée de nombreuses fois suivant un certain rythme. Les mantras sont souvent associés à des figures particulières de la mythologie hindouiste et bouddhiste dont les qualités peuvent être cultivées par la répétition du mantra s'y rapportant : compassion, bienveillance, amour divin ou universel, gratitude, etc. C'est le son qui est l'essence même du mantra, plus que le sens, et c'est par la résonance à travers l'espace que la cohérence et la force du mantra prennent forme à l'intérieur de celui qui le chante, l'ânonne ou simplement l'écoute, se remplissant passivement de sa vibration.

Dans mon cas, la récitation d'un mantra est avant tout un support de méditation qui, par sa répétition incessante, m'aide à stabiliser et à calmer mon mental pour permettre l'état d'écoute intérieure et favoriser une forme de communion avec l'univers, avec le subtil, avec le divin. Sans connotation religieuse, le mantra est un allié qui permet d'atteindre une spiritualité accessible, douce, bienfaitrice. J'en use et abuse, je me réveille ou me berce avec ces chants méditatifs si puissants.

Février 2016 – Astres, psycho et Yoga

Dans une période mouvementée puisque ma mère et mon beau-père sont tous les deux en chimio (je passe les scènes d'hôpitaux irréelles…), j'accepte un rendez-vous test d'astro-psychologie pour une éventuelle future collaboration au Tigre avec une femme étonnante et attachante, coincée à mi-chemin entre les étoiles et le monde réel. À la fois chiromancienne et astrologue, Nina J., qui mène ce test comme une consultation « réelle », me fait découvrir un nouveau langage symbolique, me fait toucher du doigt la puissance de cet outil exceptionnel de connaissance de soi et de développement personnel.

En m'initiant aux prémices du langage des astres elle m'éclaire habilement sur mon profil psychologique, soulignant avec une acuité déconcertante les aspects conscients et inconscient de ma personnalité, mais aussi mes antécédents familiaux, mes besoins relationnels, mes ascendants affectifs… Elle dit avec ses mots ma voie de réalisation comme une évidence, comme si tout était écrit dans ma carte du ciel. Je suis perturbée, interpellée… Où est le hasard, où est le destin, où est mon chemin ? ! Sartre avait raison, tout est déterminé, l'existence précède l'essence. Où donc se place le libre arbitre ? Si la séance se termine par un regard profondément triste et plein de compassion, je comprendrai malheureusement quelques jours plus tard pourquoi… elle m'aura néanmoins éclairé sur une évidence : je suis sur le bon chemin, je dois continuer à partager, à explorer, à assumer mes choix de spiritualité.

L'influence des astres va s'installer dans mon quotidien – je ne cacherai pas que j'ai lu ou écouté quotidiennement mon horoscope bien avant de rencontrer Nina, personne n'en doutera. J'ai même testé (sur moi et, j'avoue, sur mon fils alors âgé de 6 ans…) la tarologie des planètes. Quand on prend conscience que notre chemin s'inscrit sur la carte routière d'un Grand Tout, que notre humeur, nos émotions, les sensations guidant nos décisions sont nécessairement sous l'influence d'un champ cosmique hors de notre contrôle, il devient presque (trop ?) compulsif de faire le lien ! Alors oui, je glisse ce filtre de lecture partout, et je le préfère à la petite loupe d'analyse du train-train quotidien de tout un chacun. Non pas pour changer ma vie et révolutionner le cours du destin, mais parce que ça m'aide à prendre du recul, à me sentir connectée à cette dimension supérieure à laquelle chacun ou chacune attribue la terminologie qu'il souhaite.

Je pose un regard bienveillant sur les éléments extérieurs comme on le pose sur un arbre généalogique qu'on n'a pas choisi mais qui fait partie de notre ADN : la météo, les cycles lunaires, le rythme des saisons entrent dans mon champ de réflexion quand je m'interroge sur mes flux et reflux émotionnels ou corporels.

Ce nouveau filtre de perception m'aide à calmer certaines angoisses ou certaines ruminations, m'explique tel bouton ou tel enflement inattendu de l'abdomen (communément appelé un nouveau bourrelet), me rend plus humble face à l'immensité de l'initiation à traverser, m'invite à la vigilance intérieure et extérieure, me permet de prendre ma propre météo sans chercher à contrôler encore et toujours la survenue des orages ou grosses pluies…

« Ni rire ni pleurer mais comprendre », dit Spinoza…

Vu sous un autre angle, si tout est déterminé, *quid* des changements de cap, de chemin, de vie ? Pourquoi se mettre en posture mentale et émotionnelle de donner un nouveau sens à ma vie si fondamentalement je suis (et je le suis !) ce qui est écrit sur cette carte du ciel déterminée à l'instant T de ma naissance ?… C'est LA question !

LECTURE : *LE CYGNE NOIR, LA PUISSANCE DE L'IMPRÉVISIBLE*, UN LIVRE DE LITTÉRATURE PHILOSOPHIQUE ÉCRIT PAR L'ESSAYISTE, PHILOSOPHE, STATISTICIEN ET ÉPISTÉMOLOGUE NASSIM NICHOLAS TALEB.

Ouverte à ce sujet depuis toujours mais plus encore depuis que je connais Nina, je mets en place des chemins de découverte des astres au Tigre, à travers soirées Lune, tarologie et autres pratiques ésotériques connectées au ciel. Je prêche la bonne parole, passant, pour certains, pour une gentille allumée, affrontant en souriant les commentaires type « conneries ! » qui fleurissent sur les pages Facebook des Tigres quand je publie des infos sur ces événements, et dans l'ensemble j'observe une appétence croissante de la communauté yogi au sens large pour cet enseignement différent mais, complémentaire.

C'est ainsi que lorsque ma prof de kundalini, Catherine S., me propose d'apprendre chaque semaine à ses élèves les influences des signes et des planètes qui traversent notre existence et de pratiquer postures, exercices, respiration et/ou méditation directement liés à ces influences, je réponds spontanément : « J'adore l'idée, *let's go* ! »

> En combinant différentes techniques qu'elle a pu acquérir au fil des années, et convaincue que les astres forment des courants énergétiques qui nous accompagnent tout au long de notre existence, nous portant à leur manière sur la voie de notre évolution, Catherine, à chaque cours d'Astres & yoga, nous fait entrer dans un champ aussi théorique que corporel pour acquérir les outils liés aux énergies du moment. C'est une façon de vivre en conscience le chemin initiatique tracé pour nous par l'Univers... De ressentir au fil des mois que nous traversons un cycle soli-lunaire que l'on pourrait assimiler à un chemin initiatique, celui de notre incarnation. Ce cours « Astres & yoga » est une évidence pour elle comme pour moi, car il répond d'une certaine façon aux possibilités infinies qu'offrent le ciel et le yoga pour mieux nous connaître et nous réaliser. On avance tous ensemble, clef en main, vers la même porte : la connaissance de soi.

Février 2018 – Liberté et vérité

J'éprouve peur, insécurité, incertitude. Je n'avais pas ressenti ces émotions froides et sombres depuis longtemps et pourtant elles m'envahissent à mon insu, s'infiltrent dans mes nuits hachées, alimentent mes méditations, nourrissent chacune de mes conversations… Peur de ce divorce rapide, violent, agressif, suspicieux, peur de cette nouvelle relation qui s'instaure, nauséabonde, méconnue. Les pieds de mes pilotis sont dans la vase et je n'ai plus d'appui.

Liberté et solitude. Quand on cherche l'une on trouve l'autre. Mais on n'a pas forcément eu l'info avant.

Je suis sur l'A13, j'arrive en Normandie par une autoroute que je pourrais tracer les yeux fermés. Par habitude, j'ai envie de prévenir que je suis bien arrivée. Mais qui ?... Maman le sait puisqu'elle me voit de là-haut, le père de mes enfants s'en fout, les autres ne savent même pas que je suis ici ou ailleurs. Déflagration. Peur de l'isolement, peur de l'individuation, peur du libre arbitre. Sans doute le mot peur est-il inapproprié, appréhension serait plus juste. J'ai voulu être libre, bingo, c'est fait. Une liberté d'ailleurs conditionnelle et totalement asservie, puisque aucune fuite n'est possible quand on a charge d'âmes – quelle mère ne le sait pas ? Faussement libre et faussement seule, mais dans l'instant présent la solitude est bien réelle. Peut-on optionnellement choisir l'une sans l'autre ? Ou sont-elles les deux scénarios d'un même script ?

« *Mon indépendance, qui est ma force, induit ma solitude, qui est ma faiblesse* », disait l'écrivain et cinéaste Pier Paolo Pasolini. C'est exactement ce que je ressens, là, tout de suite.

Après des semaines de cauchemar, j'ai obtenu ce que je souhaitais plus que tout, ma liberté. À quel prix... Mensonges, tromperies, espionnage, manipulations... Un épisode banal de la Guerre des Roses... J'ai dit stop. J'ai refusé le combat. Pas en abdiquant, mais en réclamant la paix. En valorisant la vie de mes enfants au-dessus de mon, de notre confort. Car finalement que reste-t-il d'un mariage ? Une progéniture capable – ou non – de se projeter dans son propre avenir quelques années plus tard, de regarder l'horizon en rêvant du prince charmant ou de la princesse aux pieds nus, de s'investir corps et âme dans une histoire d'amour avec innocence et conviction, une progéniture à qui on a appris l'alphabet de la vie pour qu'elle écrive sa propre histoire sans récrire fatalement les chapitres de ses parents.

Alors en ce mois d'hiver douloureux je décide que ma priorité n'est pas dans un appartement ou une pension alimentaire mais dans le recul et la joie de vivre que mes enfants garderont de leur enfance, dans la clairvoyance qu'ils apprendront à cultiver en confiance. Annonce faite, actes établis… dans quelques jours je pourrai dire que j'ai non seulement, et contre toute attente, été mariée, mais aussi divorcée.

Parce que je pense que le silence est transmetteur de vide et d'angoisse, je parle avec franchise à mes enfants. Boris Cyrulnik dit que le ciment le plus puissant de la transmission est la parole, je crée donc l'espace-temps de discussion nécessaire à lever les doutes des enfants, sans reculer face aux questions, face aux « c'est trop triste, quand même »… Car oui, c'est triste, mais c'est la vie. Je suggère à Alma, quand elle sent la tristesse dans son cœur, d'inspirer très fort pour la faire monter dans sa gorge, de dire « je suis triste », puis d'inspirer encore pour la faire monter dans ses yeux, et de laisser couler la tristesse dans ses larmes. Et la tristesse s'en va, comme une vague qui disparaît. Tout passe et s'en va.

Que le dieu Ganesh vous accorde
Un arc-en-ciel pour chaque orage,
Un sourire pour chaque larme,
Une promesse pour chaque attention,
Une réponse pour chaque prière.

J'ai mon viatique pour ouvrir la page d'un nouveau livre de mon histoire.

Dans l'un des textes sanskrit qui l'ont fondé, le yoga est décrit comme le chemin du oui. Pas précisément dans ces termes – je reprends de mémoire un enseignement oral… –, mais il est expliqué que chaque être humain porte en lui non seulement sa capacité d'autoréalisation, mais aussi de responsabilité et de cocréation du monde dans lequel il vit. Chacun de nous peut devenir ce qu'il a imaginé être en incarnant ses propres projections… On reparlera du dharma, qui me semble parfois contradictoire de cette théorie, mais en ce mois d'hiver solitaire, cette guidance partagée par un enseignant indien lors d'un atelier de yoga trouve évidemment une résonance forte.

Je ne peux pas m'être mieux prouvé à moi-même que j'étais capable de créer le germe d'une vie meilleure, mais l'action doit maintenant être solidifiée par la puissance de l'affirmation positive : « Je suis là où j'ai choisi d'être, je suis celle que j'ai construite, je vais là où je désire aller… » Méthode Coué ou sankalpa ?

Les études scientifiques ont démontré à quel point le mental peut conditionner nos choix et nos attitudes pour donner forme à notre quotidien et à nos constructions de vie, ce qui sous-entend qu'Émile Coué, l'auteur de la fameuse méthode d'autosuggestion du bonheur, n'était pas loin de la vérité. « L'autosuggestion, c'est s'implanter une idée en soi-même par soi-même. » Je traduis : c'est attirer à soi le positif mis à son goût… On est donc proche du sankalpa yogi ! Car quelles que soient les situations difficiles dans lesquelles on s'obscurcit, on a le sentiment d'étouffer, de perdre pied – qui n'a pas traversé ce genre de chaos intérieur ? –, il y a en chacun un espace de paix, une source de calme, de luminosité douce, qu'on peut trouver sans bâton de sourcier ; la volonté suffit, je vous le promets !

Et si la pensée est créatrice, la parole l'est aussi, puissamment, dans la capacité qu'elle a de façonner une réalité à travers les vibrations positives qu'elle émet. Si vous n'avez pas lu *Le Miracle de l'eau* de Masaru Emoto, précipitez-vous, ce livre est d'une richesse étonnante pour comprendre comment les ondes, positives ou négatives, émises par la parole circulent à travers l'eau contenue dans le corps.

Vue de ma fenêtre, en pleine séparation, je peux *a minima* témoigner de la puissance des pensées positives qui émergent, volontairement ou non, dans chaque pratique de yoga. Je m'y réfugie plus que jamais, j'y cherche ma source d'énergie constructive, ma bonne humeur joyeuse et communicative qui, superficielle ou pas, semble m'aider à reprendre le dessus.

Don Miguel Ruiz, l'auteur des fameux *Accords toltèques*, dit dans *Les Trois Questions* qu'en grandissant notre mental devient plus fort mais que, parallèlement, il se corrompt quand nous nous forgeons des opinions solides qui ne reflètent pas notre authenticité. Y compris en amour. Le yoga permet de lutter contre cette corruption naturelle, en redonnant la parole à nos réactions émotionnelles et non plus simplement aux opinions et croyances, pensées et idées, conformes à ce que l'on nous a appris mais qui ne sont pas NOTRE VÉRITÉ. En nous offrant pour quelques secondes ou quelques heures la cessation des perturbations du mental, le yoga nous ouvre cet espace indispensable pour retrouver une sincérité non corrompue, une perception individuelle et unique de la réalité, dans un état de calme, de confiance, de paix intérieure.

LECTURE : *CHOISIR SA VIE*, DE TAL BEN-SHAHAR

MARS

Mars 2007 – Aiguilles chinoises

Moral à plat et mal de dos insoutenable. J'ai l'impression d'avoir essayé tant de traitements qui ne fonctionnent pas… Ma copine Léa S. qui défriche assez bien le terrain des marabouts parisiens m'envoie en *blind date* chez « un sauveur à aiguilles ».

Née il y a des millénaires, l'acupuncture est un des outils de la médecine traditionnelle chinoise, une technique thérapeutique qui a à la fois une visée préventive et une action curative. Philosophiquement proche de la médecine ayurvédique que je découvrirai quelques années plus tard, l'acupuncture aide à retrouver un équilibre énergétique par ses vertus analgésiques ou dynamisantes en fonction des besoins ressentis par l'acupuncteur lors de la prise de pouls initiale.

Dans mon cas, il n'aura pas fallu longtemps à cet acupuncteur chinois inconnu, celui que je vais affectueusement appeler pendant des années Docteur Aiguilles, pour diagnostiquer un sévère déséquilibre hormonal, une faiblesse pulmonaire et surtout un « vide des reins » énergétique. Moi qui venais pour un mal de dos… Au premier rendez-vous, il m'observe et me plante une affirmation élégamment postulée sous forme de question : « Vous avez vos règles ? – Heu, pas trop, non… – Je m'en doutais. – Vous voyez ça à quoi ? – Trop de testostérone. *(Silence.)* – Je le savais, mais je ne savais pas que ça sautait aux yeux – Ce sont vos bras. *(Qu'est-ce qu'ils ont mes bras, je les épile !)* – Vous avez un muscle « masculin » développé sur l'avant-bras. Bien bien bien… Voilà madame, je vais pouvoir m'inscrire au casting du remake français de *Over the Top* (pour les incultes qui ne connaissent pas cet excellent film de Sylvester Stallone, c'est l'histoire du plus grand concours américain de bras de fer…). Oulei Zhang, qui deviendra un ami, me suggère d'arrêter tous les traitements hormonaux yo-yo que je prends depuis l'Australie, Androcure & Co., si je veux le laisser m'aider. Quand ? Aujourd'hui. Alors je pose ma vie de jeune adulte aménorrhée entre ses mains pleines d'aiguilles. Je l'adore dès le premier jour et l'adore toujours dix ans plus tard. Je ressors de chaque séance euphorique, et s'il ne se passe rien dans mon ventre pour l'instant, j'ai systématiquement envie d'embrasser les passants que je croise en bas de son cabinet.

Pour l'anecdote, c'est grâce à lui que je me jette un peu dans le vide quelques mois plus tard en sautant dans les bras de mon futur mari. Mauvaise excuse, me direz-vous, mais dans notre complicité croissante, Dr Aiguilles me glisse un jour quand je suis sagement allongée, le dos plein d'aiguilles : « Pour vous il faut un Buffle. » OK, bonne info, je vais partir en chasse. Buffle c'est quelle année ? 1973 ou 1961. Ça restreint le champ des possibles, mais il en est certain, mon karma de Serpent chinois tempétueux trouvera son harmonie avec un bon gros Buffle solide, terrien et bien-de-chez-nous.

Quand mon chemin croise celui du futur père de mes enfants qui ne m'apparaît évidemment pas alors comme Monsieur Prédestiné, je le suis le cœur battant et la tête à l'envers vers Coëtquidan, une bourgade bretonne relativement reculée dans laquelle se célèbre chaque année en grande pompe le Triomphe de Saint-Cyr, la grande école militaire. C'est une des nombreuses fois dans ma vie où je me suis demandé par quel hasard je m'étais retrouvée dans cette situation improbable.

Au retour de cette mémorable parade militaire, impressionnante de rigueur et d'esthétisme même pour la béotienne que je suis, je découvre sur sa carte d'identité qu'il est né le 17 août 1961. Mon cœur s'arrête de battre. Il me regarde, gêné, avec un doux « eh oui, je suis né en 1961, je suis beaucoup plus vieux que toi ». « Mais non, c'est formidable ! » est ma seule réponse… infiniment trop enthousiaste pour être explicable. La suite, on la connaît…

Zhang devient mon complice, mon confident, mon médecin, ses aiguilles vont faire d'autres miracles. Il m'offrira les deux plus beaux cadeaux de ma vie. Je les croyais inaccessibles à cause de cette testostérone diagnostiquée trop élevée, de ce système hormonal mal paramétré à la naissance – c'était le verdict des médecins. Deux fois, il m'a fait tomber enceinte « facilement ». Jules et Alma. Les amours de ma vie. Sans compter ce troisième bébé qui aurait pu être leur frère ou leur sœur mais que nous avons rejeté, à mon corps défendant. Bref, les aiguilles, ça fonctionne.

Mars 2014 – Bioénergie

Je suis officiellement à plat. Ma mémoire courte est pleine de trous. « *All the women in me are tired.* » Alertée par mon regard sans doute absent, voire vitreux, la merveilleuse prof de hatha yoga, Dominique C., m'envoie chez une petite sorcière énergéticienne au fin fond d'une résidence biscornue de Bastille où auraient pu se cacher Colonna & compères sans risquer d'y être traqués.

Isabelle S. est une femme surprenante, aussi haute que large et enroulée de pagnes blancs ; elle me fait asseoir sur un tabouret minuscule au milieu de la pièce dont je passerai sous silence la déco ésotérico-asiatique. Sans poser beaucoup de questions, elle dresse aux crayons de couleurs et à main levée la carte météorologique de mes différents corps (je connaissais empiriquement le corps physique, intuitivement le corps émotionnel, et découvre ainsi leurs congénères, du corps subtil au corps aurique...). Diagnostic de la petite dame en blanc : mon corps énergétique est vide et ne peut plus alimenter le corps physique ni le corps mental. D'où mes absences.

Commence alors un étrange rituel durant lequel je n'ai à aucun moment le droit de bouger, ni de me retourner, ni de parler : je ne dois rien faire, et elle me souffle dessus pendant deux heures. Inouï ! Les yeux fermés, je sens du chaud, du froid, des frissons, des picotements... Je somnole patiemment sur mon tabouret sans me rendre compte que 120 minutes passent ainsi, et j'en ressors, comment dire…, merveilleusement mieux.

Trois séances plus tard, suivant la même logique, je suis une autre femme, une autre mère, une autre patronne, une autre copine, une autre maîtresse ! J'ai retrouvé un esprit clair, une créativité débordante, une envie de croquer chaque rencontre, d'enregistrer chaque conversation et d'aimer tout le monde. Et me voilà désormais convaincue que la bioénergie est une réponse thérapeutique efficace à un mal-vivre conjoncturel.

« La vie est un mystère qu'il faut vivre,
et non un problème qu'il faut résoudre. »

Gandhi

La bioénergie est une thérapie holistique qui se base sur le fait que chaque individu est composé de champs énergétiques, et que toute pathologie physique ou psychique est liée à un dérèglement de ces champs. La bioénergie mesure et analyse les champs énergétiques, repère et corrige leurs déséquilibres et va aider l'énergie à circuler correctement dans l'organisme pour harmoniser les centres d'énergie vitale : les sept fameux chakras (« les roues », en sanskrit).

En clair, la bioénergie considère que la structure énergétique d'un individu est à la fois d'ordre thermique, magnétique et électrique. Comme chacun sait, notre organisme produit une énergie qui se répartit et circule symétriquement par rapport à l'axe central du corps physique (la sushumna, chez les Indiens) en le traversant par les chakras, qui sont comme des clés de répartition. Cette énergie irradie aussi autour du corps humain : c'est ce que l'on appelle l'aura. Cette aura est un champ énergétique subtil que l'on peut sentir (plus ou moins, bien sûr, mais personne ne niera qu'il/elle s'est déjà retrouvé(e) en face d'une personne dite charismatique devant laquelle on a le sentiment d'être un petit enfant !), analyser, et sur lequel on peut travailler pour rétablir des désordres physiques ou psychiques. Tout simplement !

LECTURE : *LE LIVRE TIBÉTAIN DE LA VIE ET DE LA MORT*, DE RINPOCHÉ

9 mars 2016 – Maman

Déchirure, culpabilité, incompréhension, vide absolu, retour à la case départ… Vole, petite mouche, tu es libre. Trois mois de lutte dans cet univers hospitalier qui brise les repères spatiotemporels de celui qui vient de l'extérieur, trois mois seulement, trois longs mois… Mais as-tu vraiment lutté ?… Je mesure la place que tu prenais au vide que tu laisses. Je mesure trop tard ton courage, ton abnégation, ta force de caractère, ta discrétion, ta finesse, ton élégance, ton amour. J'ai été si dure avec toi, si aveugle, si injuste. T'ai-je blessée au point que tu as laissé ce crabe t'envahir ? La question me hante à chaque minute. Quand tu pars, un transfert s'opère. Je te sens en moi, les premiers jours, les premières semaines. Je parle comme toi, je te vois dans le miroir quand je me regarde. Comme si de t'avoir tenu la main jusqu'à ton dernier souffle nous avait connectées au-delà du réel.

Quel moment étrange que ces dernières minutes où mon regard s'est accroché à l'écran du moniteur qui t'accrochait, lui, aux fils électriques de la vie, dans ce service de réanimation que tu ne pouvais plus quitter, ce moment où j'ai vu la courbe des battements de ton cœur devenir progressivement une ligne droite, où je t'ai dit pardon, merci, je t'aime. Quand l'électrocardiogramme a lancé son dernier bip, long et fatal, une bande-son s'est amorcée, *Le Premier Jour du reste de ta vie*, et c'était comme si tout défilait, comme dans le film, très vite. Tu étais au chaud dans mes bras, très calme, je me suis mise à crier sans m'en rendre compte, je voulais une dernière seconde, un dernier sursaut, je voulais que tu restes, que tu me parles, juste un mot, mais je t'accompagnais pour partir. Je te répétais les mêmes mots, encore et encore, parce que je savais que tu m'entendais, je devais tout te dire, une vie racontée en quelques mots, trente-huit ans d'amour inconditionnel exprimés en quelques nanosecondes.

Et puis j'ai laissé le temps s'écouler sans réagir, consciente que ces minutes ne reviendraient jamais, qu'elles étaient précieuses.

Apaisée, j'ai continué à te parler, à t'embrasser dans une confusion de paroles pragmatiques et organisationnelles, expliquant à haute voix chacun de mes gestes : « Je vais ranger tes chaussons, Maman, tu veux bien que je prenne ton sac ? Alors attends, ne bouge pas, je vais m'occuper de trier les papiers, et après j'irai voir le médecin, Maman, tu m'entends ? je suis là, ne t'inquiète pas, je gère tout, je vais appeler les garçons, ça va aller, ne t'inquiète pas, je suis là, tu es si belle, ma Maman »… Un monologue irréel entre moi et moi, rempli de phrases vides et rassurantes, un monologue que je n'arrivais pas à interrompre car il stoppait la montée des larmes, des cris, de la peur, je t'embrassais encore et encore, je te trouvais merveilleusement belle, tu refroidissais si vite, je voulais te réchauffer, je serrais ta paume fort dans la mienne jusqu'à sentir ton pouls rebattre, mais ce n'était que le mien. Maman Maman Maman, pourquoi m'as-tu laissée, là, comme ça, si vite, si seule ?!!

Je voudrais que tu sois là
Que tu frappes à la porte
Et tu me dirais c'est moi
Devine ce que j'apporte
Et tu m'apporterais toi.

Boris Vian, *Berceuse pour les ours qui ne sont pas là*

Je pense encore aujourd'hui que ces dernières secondes, ensemble, étaient un cadeau de la vie pour toi comme pour moi, même si l'image en est violente, impossible à effacer, avec laquelle je vis comme une ombre.

Quand tu décides de partir, je ressens en moi des vagues d'amour infinies, le sentiment de pouvoir porter et aimer toute l'humanité, une nouvelle légèreté. Je suis au-dessus du monde. « Fly free »… Cet appel à la liberté qui m'inspire, m'influence, me protège est désormais tatoué en sanskrit à vie sur mon poignet gauche, le long du méridien du cœur. Il m'habite comme il aurait dû t'habiter chaque jour de ta vie. Vole, petite mouche, vole…

LECTURE : *LA BALLADE DU CALAME*, D'ATIQ RAHIMI

L'histoire d'un homme déraciné, poète et amoureux des femmes, l'histoire d'une balade à travers l'histoire d'un peuple renvoyé de sa terre, l'histoire d'un petit garçon qui essaie de devenir adulte sans mère et sans racines.

Mars 2018 – Women Spirit Festival II

Je fais la première expérience de sortie de mon corps. Peut-être parce qu'il me pèse depuis quelques semaines, quelques mois ? J'ai grossi, c'est toujours compliqué à gérer, pour moi. Chaque période d'inquiétude ou de déstabilisation est synonyme de retour à mes vieux démons, de recherche de cette sensation merveilleuse de légèreté que l'on éprouve quand on se fait vomir à chaque bouchée avalée. Le combat du divorce, l'obsession de protéger mes enfants, la lutte quotidienne pour tout gérer tout le temps au mieux, tête haute et sourire factice, commencent à avoir raison de ma résistance physique. Comment affronter un festival de trois jours que j'organise ? Je me sens très fragile, à fleur de peau. Heureusement, mon amie Charlotte est là, ma yogini soul sister qui me regarde et me comprend. Elle va gérer quand je déambulerai, à deux nous serons assez fortes pour faire de cet événement que nous préparons depuis tant de mois une magnifique célébration de l'esprit de la femme, un cercle d'énergies féminines sensuelles et puissantes…

« Women are the leaders of the Aquarian Age not because they have finally "won" the proverbial war of the sexes, but because they have finally recognized their own true nature and decided to serve it – and deliver it – for the good of all. »

Yogi Bhajan

Je flotte parmi les stands en essayant de me rendre utile, je glapis dans mon téléphone à tout bout de champ, j'orchestre profs et élèves dans une agitation frénétique que je trouve moi-même un peu ridicule. Ça donne le change. Il faut que je me pose. Pourquoi ai-je choisi cette session de « Voyage dans le son » parmi tout le programme d'ateliers, de cours et de conférences du festival ? Nous nous installons, et Valentina D. nous précise que l'atelier dure trois heures et qu'il faudra aller au bout ! Aïe ! l'angoisse d'être coincée là pendant trois heures alors que je pensais que cette initiation au yoga de la voix ne durait qu'une heure me fait hésiter. Il est encore temps de filer discrètement, de prétendre être appelée pour une urgente question d'organisation. Mais Valentina nous invite à respirer, à laisser le corps se mouvoir librement, à chanter le premier mantra de la série, à commencer les kriyas pour laisser les pensées sortir calmement de notre corps. J'autorise ma voix à sortir, plus possible de m'échapper.

Appelée par les sons profonds des mantras je descends progressivement de mon mirador de vigie pour plonger dans la mer, m'incarnant en un animal flottant non identifié voguant au milieu des flots, je me laisse bercer dans les vagues des mouvements fluides de mon corps, totalement libre, chaque cellule respire et revit, ma peau devient souple, charnelle, je me sens flotter et fluctuer dans un espace extatique, aquatique, je sors de ce corps pour être un poisson… La danse continue au son des voix et des tambours, la chaleur monte, je souris, je crois même que je ris ; il m'est difficile d'en faire ici un récit car, à cet instant précis, je ne suis plus dans mon corps, dans mon corps physique, j'entre dans une autre dimension, que les Indiens appellent les kushas, ces différents corps qui constituent l'Être dans son unité globale. Je suis à la fois dans une couche émotionnelle, sensible et cosmique de moi-même. Je souris à Maman qui m'apparaît, je souris à la douceur qui m'englobe, au plaisir d'aimer mon corps, tendrement, je souris à cet univers dont je suis une Un du Grand Tout…

Je sors euphorique, j'embrasse Valentina avec une immense gratitude, je ne peux rien lui dire mais les mots sont inutiles ; je suis revenue dans mon corps physique, mais toutes les fonctions vitales ne semblent pas encore réactivées, je reste en mode sensoriel, je regarde tous les visages autour de moi, convaincue que nous avons toutes vécu le même voyage, la même expérience de sortir des limites de la chair, des frontières des tissus, du champ organique… Expérimenter une dimension corporelle différente, c'est comme visiter un nouveau pays : on a un regard neuf, curieux, on accueille les émotions sans filtre, on observe de l'intérieur, on navigue sans rames ni moteur…

Avril

Avril 2010 – Sankalpa

Le père de mes enfants (je devrais dire de mon fils, puisque Alma n'arrivera que quelques années plus tard) est revenu à la maison depuis quelques semaines après une période de séparation post-accouchement douloureuse, et j'oscille entre le bonheur d'une conquête atteinte et la peur de perdre à nouveau ce bonheur fragile et instable. Je doute du matin au soir sur qui je suis et ce que je cherche. Mon fils a 18 mois, moi 33 ans, l'âge du Christ.

Je m'inscris sans réfléchir à un cercle de femmes, une improvisation ésotérique alliant reiki, chamanisme, danse extatique, chants et feu, deux jours d'immersion avec une douzaine d'inconnues dans un très bel hôtel particulier de la rive gauche. Sans parler, je me laisse porter par leur douceur, leurs chants, la chaleur des tisanes et du feu de cheminée, imaginant que je suis une passagère clandestine d'un bateau ésotérique obscur mais attirant. Je ne parviens pas à exprimer mon mal-être mais ma simple présence l'atteste.

Qu'est-ce que je fais là… La révélation va se produire grâce à un mantra, un collage de photos et une lettre écrite à moi-même que je brûle dans le feu, guidée par notre guru maître reiki qui nous exhorte à nous libérer par le feu de ce qui nous pèse, nous empêche d'avancer. Rituel chamanique avant l'heure pour me libérer de mes propres pensées sclérosantes. Ces exercices simples, voire enfantins, font apparaître l'évidence de ce que doit être ma quête, ma prière intentionnelle, mon sankalpa : « je suis l'équilibre, la clairvoyance et la confiance ».

Quand on laisse émerger naturellement un sankalpa – une « intention », en sanskrit –, on formule silencieusement un vœu, un souhait profond qui affleure à sa conscience comme une soudaine évidence. Le sankalpa est une résolution que l'on prend pour soi-même, exprimée en une phrase simple, courte et affirmative que l'on répète mentalement, en pleine connexion à soi, avec la certitude qu'elle va se réaliser comme une graine que l'on dépose dans son subconscient pour qu'elle germe et éclose dans sa vie.
C'est un allié de vie précieux, une béquille psychologique complice, et j'invite aujourd'hui tous mes élèves à essayer d'en formuler un dans leur tête avant chaque pratique, avec l'idée que cette petite gymnastique de psychologie positive peut soutenir une démarche plus large de quête de sens…

Le message que j'ai trouvé ce jour-là, dans le maelström de mes émotions, déchirée que j'étais entre amour et colère restera de longs mois, voire des années, un compagnon de chemin précieux. Je suis l'équilibre, la clairvoyance et la confiance. Ainsi soit-il.

« Soyez à vous-même votre propre refuge. Soyez à vous-même votre propre lumière. »

Bouddha

Au-delà de ce message à moi-même, je dois souligner également ma première approche du reiki. Ce terme provient du japonais et signifie « énergie vitale universelle ». Le Dr Usui a développé cette méthode consistant à transférer l'énergie vitale universelle pour qu'elle puisse être utilisée en autotraitement et en traitement des autres.
Le processus d'harmonisation est la principale clé du reiki, qui en fait une technique énergétique utilisant différentes méthodes d'apposition des mains pour équilibrer l'être humain sur tous les plans : physique, physiologique, émotionnel, mental, spirituel. Il détend les muscles, soulage la douleur, accélère la guérison, réduit l'angoisse et augmente le sentiment de bien-être grâce à un rééquilibrage des énergies. Sans diagnostic ni acte médical, cette découverte m'apporte un éclairage et un bien-être inédits, m'offre de nouvelles clés de lecture et m'ouvre un horizon de ressources intérieures.

Avril 2013 – Fasciathérapie

Enceinte, heureuse et survoltée. Le projet du Tigre ne me quitte plus, je ne sais pas quand, quoi ni comment, d'ailleurs il n'a pas encore de nom et encore moins d'adresse, mais j'ai de plus en plus envie de constituer une équipe Agence-tous-risques, une famille de super-stars du bien-être, une redoutable taskforce qui ferait du bien aux gens sur tous les plans. Alors je rencontre, j'expérimente, je blind-teste, je scrute, je compare, je ne lâche rien, et je raconte mon projet à qui veut l'entendre. Et du coup je pratique beaucoup de yoga avec mon ventre rebondi, et je me fais masser et thérapeutiser dès qu'une heure se libère. La vie est belle, le printemps parisien est magnifique, et je rencontre Mina. Mina est fasciathérapeute.

Dans un excellent court métrage intitulé « Les fascias, vos meilleurs alliés cachés », il est expliqué avec une grande pédagogie que les fascias sont les tissus conjonctifs présents dans tout le corps, sous la peau et même plus profondément, enveloppant nos muscles, nos organes et nos tendons, et qui soutiennent nos os. Ils ont tous un sens, une direction, symboles du sens de la vie. La fasciathérapie permet justement de replacer les fascias « dans le bon sens ».

Ils forment un réseau continu et relié de la tête aux pieds, une organisation fibrillaire au diamètre variable mais continu. Ensemble, ils constituent un des organes de la perception les plus sensibles. Le stress influence directement le tissu des fascias. En jeu : le système nerveux sympathique qui fait partie du système nerveux autonome.

Une douleur enclenchée par un stress excessif descend *via* ce système nerveux sympathique le long du dos. Les fascias sont densément innervés et possèdent une connexion performante avec les cellules nerveuses de la moelle épinière, d'où le fait que le tissu des fascias est à la fois un vecteur de douleur et une clé de guérison des maux de dos. Cela explique qu'ils soient devenus de fascinants objets d'étude, y compris en cancérologie.

Quand j'arrive chez Mina dans un petit une-pièce lumineux sous les toits de la place des Vosges, elle me demande sans préambule : « Qu'est ce qui ne va pas ? » Silence. Rien. Rien ne va pas, parce que tout va bien justement. Heureusement mon dos est toujours là, mon éternel allié de la douleur. Allons-y, partons sur le dos. Étrangement, moi qui suis extrêmement attentive lors des soins pour essayer de comprendre et de jauger chaque thérapie, je m'endors quasi instantanément, pour me réveiller avec une forte envie de vomir et des bouffées de chaleur épouvantables. Tout tangue et vacille autour de moi. Mina me rassure : « Ça travaille là-dedans ! » Encore plus bizarrement, je me rendors. Comme dans un cocon. Je me souviens de m'être ainsi endormie et réveillée plusieurs fois en deux heures, avec, à chaque fois, soit trop froid soit trop chaud.

Ce qui est certain, c'est que je n'ai plus mal au dos. Je garderai la fasciathérapie comme une arme de mon arsenal anti-mal de dos et comme un champ d'exploration passionnant dans ma future vie d'enseignante.

Avril 2016 – Coccinelle et chamanisme

Maman est partie depuis un mois. C'est court et long un mois. Je pars dans les montagnes du Var proches de Ramatuelle, entourée de femmes au grand cœur dont ma meilleure amie, ma sœur choisie, Capucine, qui a partagé depuis trente ans toutes mes joies et mes peines, elle plus qu'une autre. Marches, yoga, méditation, je laisse les émotions sortir et défiler au rythme des nuages qui naviguent au-dessus de notre antre, La Vigne. La Vigne, c'est ma deuxième maison, celle d'Alex, une autre sœur de cœur. Je me baigne de nature, je m'immerge dans l'observation de chaque rocher, de chaque pin parasol, je cherche Maman, je la vois... Pendant cinq jours je ris je chante et je pleure en harmonie avec les cœurs qui m'entourent sans jugement, je m'autorise à laisser sortir tout ce que je n'ai pas pu libérer pendant les longues semaines d'hôpital, de soutien, de cercle familial, de formalités, d'après...

Cette phrase de Henry J. Thoreau me revient : « *Il serait sans doute bénéfique que nous passions davantage de nos jours et de nos nuits sans aucune obstruction entre nous-mêmes et les corps célestes, que le poète ne parle pas si souvent sous un toit, ou que le saint n'y passe pas autant de temps. Les oiseaux ne chantent pas dans les cavernes, les colombes ne cajolent pas leur innocence dans un colombier.* »

Pour conjurer le sort ou, je l'avoue, pour retrouver Maman ne serait-ce qu'un instant, je brûle mon ego dans le feu sacré d'une femme chamane, en échange d'un vœu... Lequel ? Aucune idée. Il part dans les flammes au son des tambours et ne reviendra jamais à ma mémoire. Cette soirée chamanique du feu sacré marque ma vie d'une pierre blanche, me connecte à une dimension cosmique qui m'aide à comprendre et à accepter les longs mois de souffrance que je viens de traverser. Je sens l'unité du Grand Tout, je sens ma place dans cette Unité.

Le lendemain matin, encore ivre de fumée et d'images de feu, je monte en haut de notre montagne préférée pour attendre le lever du soleil. J'accueille une coccinelle qui se pose en plein vent et reste collée à moi comme à un rocher pendant toute ma méditation face au lever du soleil voilé par les nuages gris ; le vent est puissant mais elle reste.

Quand le monde visible se synchronise pour essayer de nous transmettre les messages du monde invisible, quand chaque élément se transforme en messager du « hasard », quand chaque signe nous apporte une réponse par un canal ou un autre, quand il n'y a plus à chercher de clés de lecture parce que les preuves symboliques s'imposent dans une évidence cristalline… Je sais que tu n'es pas partie pour rien, je vais trouver la réponse, je t'aime, Maman.

Pendant ces quatre jours, nous chantons toutes en boucle un mantra entraînant, léger et chaud, que je fredonne par cœur sans en connaître le sens :

Om Asato maa sadgamaya
Tamaso maa jyotirgamaya
Mrityor maa mritam gamaya

J'en découvre le sens plus tard, et je souris à l'idée qu'il est arrivé là non intentionnellement, en ce lieu et à cet instant, comme une évidence :

Amène-moi de l'ignorance vers la connaissance
De l'obscurité vers la lumière
De la mort à l'immortalité

Retour sur Le Feu sacré, un voyage chamanique au cœur des vignes... Comment ne pas lui offrir un paragraphe !
Depuis la nuit des temps, lorsqu'un homme se relie au feu de manière sacrée, il communie avec l'essence du divin dans lequel se niche la multidimensionnalité de son être.
Chaque feu sacré est relié par nature à l'élément feu, que l'on considère porteur des messages de prière vers le

divin mais aussi transformateur d'une réalité si tant est que l'on sache activer cette fonction de transmutation – réelle et symbolique – de la matière, ainsi renouvelée pour qu'une autre forme puisse renaître des cendres. L'ancien étant décomposé, la nouvelle forme peut apparaître, créée par la prière de l'homme, par son rêve, par le cinquième élément qu'est l'éther, celui que l'on considère comme l'élément de l'amour divin.

Notre chamane ramatuellienne nous explique ces grands principes et nous invite à écrire sur deux petits morceaux de papier : 1. ce dont on souhaite se débarrasser ; 2. ce que l'on appelle à soi, ce que l'on souhaite. Chaque bout de feuille est enroulé sur une brindille de bois sacré, et le rituel peut commencer. Un chemin lumineux tout en bougies et tapis orientaux nous conduit jusqu'au feu ; chacune de nous est purifiée par de la sauge blanche et du palo santo, et prend place autour du feu, reçoit un instrument de musique si elle le souhaite – tambour, maracas, cymbales, clochettes...

Dans l'observation et la montée de l'énergie du groupe, dans les sons et la chaleur, chacune se relie par son cœur au Feu sacré, se laissant toucher par sa beauté, sa force, sa chaleur, sa joie, sa lumière, sa vie... Je me laisse happer. Plus que celle du divin, c'est la présence de Maman que je sens, Maman partie jour pour jour il y a un mois. Je me laisse glisser doucement dans une transe réconfortante, les larmes peuvent enfin couler. C'est mon tour : je me lève pour rejoindre la chamane près du feu, à sa première prière je jette dans le feu ce dont je souhaite me débarrasser, mon ego, je m'asperge de la fumée des flammes, puis la seconde prière m'invite à jeter le deuxième bâton, celui qui formule une demande, aux sons des ha-ho sonores et généreux du cercle entier ; j'entre moi-même dans la prière à voix haute, j'appelle les dieux à réaliser ce vœu, je remercie le feu et

« l'embrasse » presque, une communion charnelle s'opère avec les flammes. « Mitakoye oyacin », tout est relié, et je suis reliée dans les quatre directions à chaque chose, à chaque être, à chaque règne, le minéral, le végétal, l'animal, l'humain...

Lorsque toutes les femmes du cercle sont passées, les chants s'amplifient, la transe monte, il n'y a plus de contrôle des sons qui sortent de nos corps, de nos mains, de nos voix, de nos instruments. On chante on danse on tourne, en respect, en amour. Cela dure-t-il des minutes ou des heures ?... Mon premier souvenir – ou dernier – est celui d'un groupe plus restreint installé autour du feu : ce sont les gardiennes ; puisque le feu ne doit pas mourir seul, il est interdit de le laisser tant qu'il brûle, la fatigue nous gagne, les rires tendres et nerveux aussi, la nuit est avancée, les larmes ont eu le temps de couler et de sécher, le retour à la réalité s'opère dans une dimension « normale », quand soudain notre ami brésilien, seul homme du cercle, se lève gentiment par réflexe protecteur pour remettre une bûche dans le feu, comme s'il était dans la maison de campagne de copains... Arghhhhh, non ! C'est reparti pour un tour, il faut à nouveau attendre que le bois se consume, les gardiennes gloussent et grimacent...

Le lendemain je constate un phénomène étrange mais réel : je suis incapable de me souvenir de mon message au feu. Pas la moindre idée, pas le moindre mot, je ne sais même pas – et je ne le sais toujours pas aujourd'hui – quel était le sujet de cette demande, de cette prière, de ce vœu qui pourra ou non s'être exaucé, néant total dans ma mémoire.

C'est notre connexion au divin dans notre cœur qui compte le plus. Et cette connexion est aidée et amplifiée par le Feu sacré qui manifeste à l'extérieur ce qui est à l'intérieur.
Il est interconnecté avec l'ensemble des autres feux sacrés sur la terre mère, de tous les peuples qui prient. Ainsi, les hommes sont reliés entre eux par l'intermédiaire de leurs prières de cœur.
Le Feu sacré aime le son du tambour, messager puissant qui transmet dans les plus hauts plans les prières et les appels des hommes de cœur.
Le Feu sacré nous relie au Grand Tout et nous fait ressentir notre Unité dans un ressenti spirituel porteur de l'émergence du Monde Nouveau, une Unité qui nous élève dans notre vibration et fait vibrer le meilleur en nous-même pour le plus grand bien de tous.

LECTURE : *LES TRIBULATIONS D'UNE CHAMANE À PARIS*, DE CORINE SOMBRUN

Avril 2017 – Yoga et mudras de printemps

Le printemps sonne une nouvelle expansion du cœur, une réouverture du corps, un réveil du feu digestif, au sens propre comme au sens figuré. Le corps et le mental se mettent au diapason de la saison pour éliminer tout ce qui n'a pas été digéré pendant l'hiver (à bon entendeur…). Comme lorsque la tortue sort sa tête de sa carapace, le visage sort du cou, le cou des épaules. On prend quelques centimètres, on retrouve le sourire, l'envie de rire, de séduire, de s'étirer pour reprendre son espace vital.

Comme notre corps est directement relié aux éléments, notamment au soleil, on dit toujours que midi est la meilleure heure pour éliminer toxines et émotions, quand le soleil est au plus haut, car la décomposition des aliments s'accélère et les nutriments sont mieux assimilés. *Idem* pour les pensées négatives et positives, si tant est que l'on formule et visualise en conscience ces processus d'élimination/assimilation.

On le lit et on le dit encore et encore : notre organisme tout entier est programmé pour être en phase avec la nature et les saisons. Et tout comme les légumes racines en hiver poussent sous terre, notre corps a lui aussi besoin d'être « hiberné » dans une énergie yin pendant la saison froide. Et d'éclore au feu naissant du printemps.

Parce que la sortie de l'hiver m'a toujours semblé éprouvante et pesante à gérer – avec un corps systématiquement plus lourd, jusqu'à plus 12 kilos dans mes mauvaises années alimentaires –, je me rends compte en ce printemps à quel point se réaligner avec les cycles de la nature nous réaccorde avec nos rythmes fondamentaux.

Direction Ramatuelle. Avec notre retraite de yoga « Rise & Shine » désormais devenue un rendez-vous annuel, le printemps s'associe à la yogi-détox chère à mon amie et professeure Anne V., qui nous guide dans une pratique de yoga stimulant le feu intérieur : torsions pour nettoyer les organes de leur stock de toxines en les pressant comme des éponges, mouvements circulatoires pour activer le système lymphatique par pulsations musculaires, étirements de chaque partie du corps pour activer la circulation de l'énergie printanière… Règle d'or : il faut bouger, sinon ça stagne ! Calories et émotions bien secouées, chacune se sent chargée d'ions négatifs, plus légère et plus gaie, l'hiver est derrière, l'ambiance pleine de pétillements féminins chaleureux (oui je sais, il faut ouvrir les retraites aux hommes aussi !).

C'est en haut d'un sommet ramatuellien que j'entends pour la première fois, grâce à Anne, le Gayatri mantra. Merci Anne. Cette prière chantée devient la bande-son de ma routine des matins, et je partage ce petit rituel joyeux avec mes enfants, qui le suivent avec la magie que seuls les enfants savent encore trouver, sans questionnement ni attente, dans chaque moment de vie. J'adore cette musique, elle me transporte. Née sous le signe du Soleil, je lui rends hommage à travers ce chant en sanskrit dont je vous livre ci-dessous une traduction sans doute un peu arrangée mais qui me parle.

Le Gayatri mantra – souvent appelé simplement « le Gayatri » – est une des plus importantes et sans doute la plus universellement reconnue des prières de l'hindouisme. Ses origines remontent au Rig-Veda, et il est traditionnellement récité par les brahmanes au lever et au coucher du soleil en hommage à l'astre. Ses traductions et ses interprétations connaissent de nombreuses variantes, mais sa musicalité est universelle...

Om Bhur bhuvah svahah
Tat savitur varenyam
Bhargo Devasya dheemahi
Dheeyo yonah prachodayaat

Traduction :

« Om, Ô Seigneur ! Tu es la Source de Lumière omniprésente, Celui qui soutient, Celui qui protège et Celui qui dispense la Joie.

Enflamme, allume et inspire notre intelligence pour que nous puissions posséder les Qualités éternelles. »

Autre découverte – vive les retraites de yoga ! – qu'il me plaît de partager : la force des mudras. Je savais sans savoir. Le mudra, qui signifie « sceau », est un geste codifié réalisé avec les mains et les doigts, qu'on peut apparenter à une posture des mains, répondant à une logique de circulation énergétique liée aux éléments (chaque phalange est reliée à l'un des cinq éléments). Déjà mentionnés dans les Vedas, les textes philosophiques sacrés qui ont fondé les futures philosophies yogiques, on dit que les mudras datent de plus de 3 000 ans – on les retrouve d'ailleurs souvent dans l'art indien pictural le plus ancien. À l'origine, ils sont reliés aux pratiques spirituelles et servent à invoquer les divinités, mais avec le temps on les a incorporés dans les pratiques yogiques pour influer sur l'attention, l'état intérieur, l'état de conscience.

Parce que le printemps est particulièrement axé sur la reconnexion du corps aux éléments – tout simplement parce qu'on sort de sa coquille et de ses couches de vêtements ! – et que chaque phalange est reliée à un élément, c'est le moment idéal de jouer avec ses doigts, de les presser les uns aux autres élégamment, en exécutant une petite danse des mains, et d'explorer cette sagesse thérapeutique passionnante dans chaque pratique.

Avril 2018 – Connexion à l'invisible

D'où vient ce sentiment que parfois le monde invisible envoie des signaux plus forts que le monde visible ? Des signaux effrayants et rassurants, riches et excitants, déstabilisants mais réels. Je suis issue d'une famille que l'on peut qualifier de cartésienne, à défaut d'être structurée – ce dernier terme serait exagéré pour décrire l'histoire familiale. Je n'ai donc pas eu la chance ou le plaisir ou je-ne-sais-quoi d'être biberonnée dans le monde merveilleux des sorcières, marabouts et plantes magiques en dehors de l'imaginaire Disney et des merveilleux Pays des Jouets de Casimir et Oui-Oui. Et pourtant. Cette force me parle, quelque chose vibre en moi quand je lis les signes dans un braille balbutiant. Nous avons tous une sorte de mini-gouvernement dans la tête qui érige les codes de nos croyances. Le mental définit des règles et le corps les suit. Mais quand on perce ce fonctionnement, quand on décide d'enrayer les lois du gouvernement, alors on ouvre le champ de la perception, de l'imagination, de la liberté d'expression. Et nous voilà prêts à recevoir les perles de sagesse de la nature.

En ce doux mois d'avril où je retrouve les chemins de randonnée du cap Lardier, je traverse des territoires brûlés en observant la nature qui reprend ses forces et ses droits après de cruels incendies, et j'y vois la parabole de ma vie qui se réinvente doucement sur les cendres de mon mariage en voie d'être dissous, sur les cendres de ma vie de famille qui s'est disloquée par ma faute en quelques mois.

Les branches des arbres calcinés sont comme des mains de sorcières qui me guident sur le chemin ; les champs de chardons qui envahissent la terre me fascinent parce qu'ils sont partout. Plante la plus primitive et la moins évoluée de l'humanité, le chardon n'a besoin de presque aucun nutriment pour pousser. Je le compare à la première histoire de cœur que l'on revit après une grande histoire d'amour : pas très élégant, pas très romantique, mais très présent, il comble le vide et réalimente la terre brûlée.

Pour trouver la synchronicité entre mon profond état de questionnement et la capacité de réponse instantanée de l'Univers, je force la lecture allégorique de chaque carte postale vivante qui s'offre à moi, j'avoue. En ce premier printemps incertain et solitaire, j'ai avidement besoin d'écouter les conseils que la vie a à me donner !

LECTURE : *ÂMES DE SORCIÈRES*, D'ODILE CHABRILLAC

Face au phénomène sociétal de la nouvelle « sorcière qui sort du bois », de la femme affranchie de toutes les dominations, de nombreux témoignages et livres célèbrent l'avènement du pouvoir des femmes. Dans cet ouvrage non prosélyte, la naturopathe et psychothérapeute Odile Chabrillac touche quelque chose d'intime, qui peut résonner en chaque femme sous des prismes différents. Forte de multiples expériences, elle insiste sur le fait qu'il est moins question aujourd'hui de magie noire que d'utiliser simplement, ce qui est à la portée de toutes, l'énergie qui nous entoure, dans une sororité partagée, pour se reconnecter aux autres, à la nature, à son corps, à sa spiritualité intérieure. Qui n'en a pas besoin ?

Mai

Mai 2015 – Bain de Gong

Philippe G. est un grand sonothérapeute, une personnalité qui vit son art de « gongueur » au-delà des normes, si tant est qu'il y en ait.

Partageant le désir qu'il a de nous voir organiser ensemble des rassemblements autour des gongs, je décide avant tout de comprendre par moi-même leur effet sur le mental et l'organisme.

Le « Sound Healing », ou soin par la thérapie du son, est une discipline ancienne qui prend une place de plus en plus prédominante aujourd'hui dans certains parcours thérapeutiques. Le son des gongs est dit curatif dans la mesure où il existe une résonance entre des fréquences sonores (audibles ou non) et l'état vibratoire (moléculaire) d'une personne et de ses organes (sains ou pathologiques). Une re-connaissance sonore de la réalité qui nous entoure permet de ressentir notre vie avec plus de calme, en harmonie avec « Tout Ce Qui Est ». Ce BAIN DE GONG proposé par Philippe promet de « stimuler l'état d'unité » par des sons réparateurs touchant à la fois l'énergie vitale bioélectrique et le corps moléculaire, créant un effet aussi bien physique et psychique que spirituel.

Le ton de plénitude des gongs, lorsqu'il est suspendu dans un espace acoustique, se nourrit de lui-même. Cette boucle du volume sonore est appelée « imbrication » et trouve son centre d'équilibre dans une quatrième dimension, c'est-à-dire dans une non-dimension intemporelle.

La fréquence des gongs « énergétiquement » amplifiée dans un espace protégé prend une qualité de résonance holistique, se déversant continuellement dans un modèle de soin intérieur vibratoire jusqu'à atteindre son potentiel de plénitude, pouvant ouvrir le cœur, améliorer la concentration et la créativité, invitant à la communication non violente et non réactive, aidant à la prise de décision...

Forte de l'explication liminaire de notre maître, baignée dans cet espace « gonguique », je m'allonge dans la pénombre au milieu d'autres initiés, blottie sous plusieurs couvertures malgré la chaleur du début d'été, et je pars… Progressivement je sens mon corps se transformer pour disparaître dans une sensation de lévitation, d'intemporalité, mais plutôt attiré vers le bas, vers le centre de la terre, et soudain j'ai l'impression de traverser un cyclone, je subis un barattage intense, je suis secouée, et tout est noir ; de sombres émotions humidifient mon corps et le glacent encore plus. Je me sens très mal dans ce brouillard hivernal, j'ai envie de me lever et de partir mais le son continue, il m'est impossible de bouger. Les larmes montent et se bloquent dans ma gorge. Difficile de raconter *a posteriori* précisément cette expérience… Se transformer, c'est avoir le courage de plonger à l'intérieur de soi-même, d'explorer les parts d'ombre et de lumière de son inconscient, sans peur. Alors je résiste, j'attends que la vague passe. Deux heures de gong c'est long et court, ou court et long. Incapable de m'exprimer, je m'enfuis vite à la fin de la séance, un peu fière d'avoir tenu mais secouée d'avoir traversé une tempête au lieu de la félicité et de l'état de paix attendus… Ça devait être karmique…

N'étant toutefois pas traumatisée, je retournerai quelque temps plus tard (des semaines ? des mois ?) sous le joug du sonothérapeute, mais cette fois pour un « bain de cristal » (véridique) un soir de pleine lune. Il me faut retranscrire l'intégralité de l'expérience car, si j'y suis allée un peu sceptique, en tout cas, pas encore convaincue, j'en suis sortie mille fois mieux qu'après le bain de gong. Pourquoi ? Je cite Philippe dont j'ai gardé des bouts de texte : « Facilité par le son vibratoire pur du cristal, nous pouvons entrer en contact avec notre intérieur profond et gagner l'accès à notre champ d'énergie universelle, trouvant une clarté d'esprit et facilitant une guérison physique et émotionnelle. La thérapie d'énergie du son par le cristal agit au niveau cellulaire et moléculaire en phase avec notre propre corps cristallin. »

Les physiciens savent que le cristal de quartz est capable de maintenir l'équilibre des énergies électromagnétiques entre les pôles nord et sud, les mêmes champs électromagnétiques existant dans toutes les formes de vie ainsi

que dans notre structure moléculaire. Le principe de résonance fait donc partie des lois physiques de notre monde.
Ainsi la résonance aux fréquences cristallines nous affecte tous, quel que soit notre besoin, exprimé ou non, de transformation spirituelle, mentale, émotive ou physique.
« L'être humain est un être bioénergétique. La matière qui le compose est en fait de l'énergie "cristallisée à différents taux vibratoires". Il comprend un certain nombre de centres d'énergie appelés chakras, destinés à capter l'énergie vitale et à la redistribuer. L'équilibre énergétique dans le corps humain est donc essentiel, chacune de nos cellules ayant sa fréquence propre, sa "note", pour prendre part à la symphonie de notre corps. Notre rôle est de veiller à leur parfaite harmonie. »

Aucun commentaire à ajouter ; j'ai vécu pleinement l'expérience, et quand bien même je n'étais pas particulièrement dans un état émotionnel nécessitant un processus thérapeutique (enfin, officiellement), j'ai traversé un début d'été portée par une énergie calme et solide.

LECTURE : *LE MIRACLE DE L'EAU*, DE MASARU EMOTO

Mai 2017 – Rêve et Dharma

Qui sait analyser ses rêves ? Dans une image floue et confuse, le père de mes enfants se révèle sous la forme d'une ancre qu'il tient à la main, debout sur un pont de bateau et sur la terre ferme en même temps. Une ancre ça empêche de s'écraser sur un rocher en cas de mer démontée, et ça empêche de naviguer en liberté sur les flots. Une ancre protège, une ancre emprisonne. Je suis perturbée par ce rêve car j'en perçois la signification lucide. Il m'a tenue, retenue, protégée, ancrée. Vraiment. Pendant 10 ans. Mais je ne peux plus naviguer. Je ne suis plus libre. Cette pensée est obsédante. Je médite pour comprendre, me remémorant cette phrase glanée chez un penseur : « Je reconnais une vérité au fait qu'elle sonne comme un souvenir »... Je dois trouver en moi la réponse à la question que je n'ose pas formuler, je viens de me marier, secrètement, et je me refuse à en parler, à l'annoncer, à rendre cet acte concret... c'est angoissant, irréel.

« On ne s'assied pas pour fuir quelque chose ou atteindre quelque chose d'extérieur, on ne médite pas pour expérimenter des états de conscience modifiés ou quoi que ce soit d'autre. On médite pour percevoir par soi-même que tout est en nous [...] et que nous possédons déjà tout ce que nous voudrions trouver hors de nous. Méditer c'est être à cent pour cent dans la réalité, et si l'on est dans la réalité, de quoi sortirait-on pour entrer dans le monde extérieur ? »

Tantra, la dimension sacrée de l'érotisme, de Daniel Odier

En Inde, le principe d'un chemin de vie particulier dont les buts, les défis et les destins semblent tracés est mieux accepté qu'en Occident où l'idée d'être né avec des devoirs à remplir et un libre arbitre relatif crée réfutations et débats. Mais finalement suivre son chemin de vie se résume à des choix, qui théoriquement correspondent à notre nature profonde. Ça semble évident, mais avancer dans la vie avec un but précis n'est ni facile ni répandu.

Or suivre son dharma, ou *a minima* avoir la conscience de l'existence de ce chemin prédestiné, apporte un immense apaisement, offre le recul nécessaire à l'acceptation des choses, stabilise une solidité et une force intérieures avec la conviction d'avoir été conçu pour aller vers ce chemin. Ça devrait être rassurant, mais dans ces réflexions sur la situation dans laquelle je me trouve actuellement, j'ai pour ma part très peur de faire le mauvais choix.

Le dharma c'est la conscience du devoir à accomplir, la vocation, la carrière, l'expression de nos compétences dans un travail ou une mission. C'est en quelque sorte l'ordre des choses : le but intérieur du principe d'ego et la conduite à tenir pour atteindre la réalisation de soi sur le plan moral. Cette pensée indienne du dharma rejoint celle de Spinoza qui réfutait l'existence d'un quelconque libre arbitre, arguant que nos choix de vie sont dès la naissance conditionnés pas nos goûts, nos déterminismes sociaux et culturels, notre parcours, nos affects, nos sensibilités.
La liberté selon lui passe par une meilleure connaissance de soi, pour se défaire de ces modèles aliénants, et par une compréhension et une acceptation des limites qu'ils engendrent afin de les remodeler, de les dépasser, voire de les déconstruire. ÊTRE LIBRE CE N'EST PAS CHOISIR SON DESTIN MAIS SE LE RÉAPPROPRIER, c'est être soi-même dans son essence originelle la plus pure, justement non stéréotypée par les constructions sociales, économiques, religieuses ou amoureuses.
Pour les existentialistes la liberté est LA préoccupation principale car si l'univers où nous habitons est dénué de

dessein, NOUS DEVONS ÊTRE LES AUTEURS DE NOTRE PROPRE VIE, DE NOS CHOIX ET DE NOS ACTES. Nous sommes, selon les termes de Sartre, les « auteurs incontestés de tout ce qui nous arrive ».
En Inde on parle de moksha, la libération, le but ultime de toute vie, qui nous guide intérieurement du vécu au détachement. C'est la réalisation de soi sur le plan spirituel quand, même envahi de contraintes extérieures limitantes, on vit dans le sentiment de liberté intérieure ; quand, dans la juste observance de ses devoirs accomplis et besoins assouvis, on est enfin maître de ses passions et de ses désirs, porté de l'ignorance vers la connaissance, de l'obscurité vers la lumière.

Toutes ces réflexions sont là, présentes au quotidien. Je lis beaucoup et je cogite, je parle aux autres et à moi-même pour tenter d'y voir clair, je me penche attentivement sur mes émotions et mes rêves sibyllins, seuls messages perceptibles de ce moi que je dois décrypter.

Pour l'instant mon dharma c'est une suite d'hiéroglyphes et le moksha un horizon très lointain…

Juin

Juin 2009 – Sophrologie et autohypnose

Cette fois, sur les conseils clairvoyants de la marraine de mon fils, c'est la sophrologie qui entre dans ma vie. Je n'ai pas encore « officialisé » mon addiction anorexique, mais il faut être aveugle pour ne pas remarquer mes pointes de hanches que je fais allègrement sortir de mon nouveau jean taille basse, moi qui ai toujours été une boulotte gourmande bourrelettée… Le revers de la médaille c'est que je perds mes cheveux par poignées, que je suis jaunâtre, que tout le monde me regarde bizarrement et que je n'ai toujours pas réussi à récupérer celui que je guette chaque jour.

Je suis poussée par mes copines en direction de Saint-Germain-des-Prés chez Alexandrine H., sophrologue et hypnothérapeute, belle et grande, maquillée et manucurée comme jamais je ne saurai le faire. J'ai à nouveau l'impression d'être un petit garçon manqué mais je me sens bien, elle est sympa et empathique – j'apprendrai plus tard qu'elle aussi a été 1. anorexique ; 2. larguée par le père de son fils.

La sophrologie a été créée dans les années 1960 par le Dr Alfonso Caycedo, spécialiste en neuropsychiatrie. Il met alors en œuvre une approche résolument médicale qui a pour objectif d'améliorer la qualité de vie de ses patients. Synthèse des techniques orientales, de méditation, de yoga, de relaxation occidentale, la sophrologie développe la conscience de façon à activer harmonieusement le corps et l'esprit en chassant peurs, stress, angoisses et tensions. Le terme « sophrologie » est d'ailleurs issu des racines grecques *sos-phren-logos*, ou « vivance de la conscience en équilibre ».

Malgré mes premières réticences et difficultés à trouver l'immobilité, allongée sur un canapé inconnu, les yeux fermés, et en face d'une femme elle aussi inconnue, j'observe que cette nouvelle méthode thérapeutique douce semble radicalement efficace dès les premières séances. La voix de la sophrologue m'embarque dans des scénarios où je lâche prise, me procurant à chaque séance un petit shoot de mieux-être, quelques minutes de douce envie de revivre. Si je continue à me faire vomir et à me trouver grosse, la sophrologie m'aide à retrouver le sommeil et le sourire par des exercices de respiration simples et profonds.

Elle m'ouvre surtout les puissantes portes de la visualisation qui conduit vers l'autohypnose, un état entre la veille et le sommeil dans lequel nous nous plongeons tous naturellement sans le vouloir nécessairement, par exemple dans de longs trajets en voiture quand l'esprit décroche sans pour autant sombrer dans le sommeil. Cet état de type hypnotique est propice à des reconditionnements psychiques quand il est stimulé et contrôlé par nous-même ou par un thérapeute extérieur, qui envoie des messages ciblés à vocation thérapeutique à notre inconscient afin de modifier des comportements – par exemple des troubles alimentaires, qui ne sont pas du ressort de notre volonté.

Bien que je ne le formule pas encore à haute voix, le phénomène opère : mon inconscient décide, à mon corps défendant, de gagner le combat face à « la petite mort », l'anorexie.

L'hypnothérapie ne sortira plus jamais de mon ordonnance d'automédication-maison, et je suis encore capable dix ans plus tard, quand le besoin s'en fait sentir, de retrouver le schéma de retour au calme par la visualisation hypnotique qu'Alexandrine m'a enseignée.

Et malgré les aléas de la vie qui nous ont séparées, à la fois comme patiente-thérapeute puis comme amies, je considère encore aujourd'hui, avec une immense reconnaissance, qu'Alexandrine m'a sauvé la vie, et je continue à lui adresser de nombreuses amies ou connaissances susceptibles de bénéficier des pouvoirs salvateurs de la sophrologie.

Juin 2017 – Women Spirit Festival I

Selon la tradition amérindienne, « tout naît de la profonde féminité » ; selon la tradition taoïste « tout mouvement (yang) naît de la matrice mystérieuse (yin) ».

Quels que soient les continents, une vérité transparaît dans les écrits philosophiques traditionnels sur l'origine du monde : la féminité est présente dans toute chose et dans tout être. Que l'on soit né homme ou femme, une part de féminité nous habite, ouvrant le champ de la réceptivité, de la créativité, de l'intuition, de l'accueil…

L'idée de ce festival est née de ce désir, partagé avec mon amie Charlotte, de rendre hommage à cette féminité, cette déesse Shakti, force vitale de l'Univers, qui sommeille en chacune de nous, que l'on soit mère, fille, sœur, femme d'affaires, poète ou sorcière, ou toutes ces femmes à la fois.

Ouvrir des cercles de rencontres, des cercles d'inspiration, des cercles sacrés, à travers le chant, le yoga, la méditation, la danse… Laisser la sensualité se révéler sans tabous ni peur des jugements, percer les mystères de notre féminité sexuelle, libérer notre énergie pour nous et nous seules… Dans un enthousiasme naïf et intuitif, nous lançons cette idée folle du Women Spirit Festival.

Avouons-le, la première édition a été un succès mitigé, ce qu'on appelle communément un échec. Mais, fortes de quelques moments ressemblant à s'y méprendre à une communion sacrée de corps et d'esprit, et bercées par les regards caressants des yoginis courageuses qui ont refusé un week-end prolongé au soleil pour être dans les murs de l'Hôtel de l'Industrie à nos côtés, nous tirons la conviction que le principe de ce festival, organisé pour et par des femmes, formellement interdit à toute présence masculine, répond à une attente non formulée mais réelle de nombreuses femmes : s'offrir un temps pour elles, et entre elles. Ce lieu plus énergétiquement masculin qu'un stade de foot (puisqu'il a abrité tous les hauts capitaines d'industrie français) s'est révélé porteur de magie et a vu émerger des montagnes de douceur et de bienveillance…

Conclusion du dimanche soir : l'échec commercial et financier ne nous abat pas, et, face à l'enthousiasme sincère et généreux de ces femmes, peu nombreuses mais formidablement heureuses, nous décidons dès le lundi matin de réserver le même Hôtel de l'Industrie pour l'année prochaine. Vaille que vaille, on ne lâche pas !

« L'expérience est une lanterne que l'on porte sur le dos
et qui éclaire le chemin parcouru. »

Surprenant effet kiss-cool de ce bain d'énergie shakti... J'ai les chakras trop ouverts (j'aime autant dire qu'écrire cette phrase !)

Dans les jours qui suivent le festival, je ressens un feu intérieur très puissant qui m'épuise, je ressens et capte toutes les énergies environnantes, je suis incapable de dormir, mon cerveau et mes émotions fluctuent à la vitesse de la lumière. Direction immédiate pour une séance de massage thérapeutique avec Marion B., une petite sorcière énergéticienne dont je connais les dons de « clairesentiance ». Guidée par des « aides » extérieures, Marion se connecte à notre énergie intérieure, ce fameux prana qui circule et traverse les chakras.

Si ceux-ci sont verrouillés, ça bloque, ça stagne, et les problèmes surviennent : douleurs, tensions, nœuds physiques et émotionnels. Mais ils peuvent aussi être « trop ouverts » ; il n'y a plus alors aucune régulation énergétique dans le corps, ce qui l'épuise. C'est là que Marion intervient. Le rééquilibrage des chakras est une méthode incroyablement efficace qui peut se pratiquer par des pressions corporelles, des massages sonores au bol tibétain, par l'apposition de pierres ou de diapasons... Marion utilise ses mains et son souffle. Et c'est magique pour retrouver une sensation d'être en équilibre intérieur, d'être dans un dosage juste de ce que l'on donne et de ce que l'on reçoit... Je me sens mille fois mieux chaque fois que je la vois !

Le concept de chakra, un peu New Age et trop souvent détourné de sa réalité somatique, est en réalité une notion très ancienne qui figure dans les Vedas – les textes fondateurs de la culture yogique dont les premiers datent de 1700 avant J.-C. Chakra signifie « roue », en sanskrit, et désigne les centres d'énergies du corps – généralement au nombre de sept – que l'on peut représenter comme des vortex placés au carrefour des différents courants énergétiques qui le traversent. Ces énergies circulent dans les 12 000 canaux du corps pour irriguer les organes et l'ensemble des systèmes, respiratoire, digestif, nerveux, endocrinien, etc.
Identifier et comprendre les chakras offre – pour moi, en tout cas – un éclairage passionnant sur la dynamique du corps physique et énergétique, permettant notamment de mettre le doigt sur les causes d'un malaise : défaillance d'un système, trouble d'un organe, fatigue, insécurité...

Chaque expérience que j'ai eue de cette thérapie d'harmonisation des chakras a eu des résultats extraordinairement libératoires, comme si les énergies du corps retrouvaient chacune leur place attribuée dans son canal d'origine, sans bousculade généralisée ni confusion des tuyaux. C'est aussi l'occasion pour le corps, parfois, de livrer ses secrets, lesquels ne demandent qu'à sortir si le « passeur » ou lecteur extérieur est en bienveillance et en empathie absolue. En ce doux mois de juin, Marion lit absolument tout.

« Le plus court chemin de soi à soi passe par autrui. »

Paul Ricœur

Juin 2015 et juin 2018 – Yin et chamanisme

Impossible de séparer ces deux moments de vie : ils sont trop liés, trop marquants.

J'ai eu la chance de rencontrer Romulo au début de l'été 2015. J'étais impressionnée et en même temps attirée par sa douceur, son regard profond et simple, sans ambiguïté. Pendant le stage de yin yoga chamanique de deux jours qu'il a proposé chez nous, au Tigre, il m'a raconté Huamanwasi Ashram, son centre de médecine traditionnelle qu'il a créé avec son mari dans la Haute Amazonie où, ensemble, ils conjuguent la guérison par les plantes maîtresses et la pratique du yoga, en particulier yin et kundalini. Tous les deux Sud-Américains d'origine et de culture, leur but est d'offrir un espace d'exploration et de réalisation dédié à la connaissance de soi par lequel chacun peut trouver la manière de s'approcher de son propre potentiel créateur grâce à l'étude de l'énergie kundalini, l'énergie vitale créatrice.

La rencontre entre le chamanisme d'Amazonie et le yoga a donné lieu à un courant de néo-chamanisme qui réunit les philosophies spirituelles reliées à la sagesse des ancêtres d'Amazonie, les enseignements orientaux et les pratiques du yoga pour l'éveil de la conscience. Ensemble, ces deux courants (chamanisme et yoga) créent une technologie sacrée qui, m'explique Romulo, apporte des outils pour la connaissance de soi et l'éveil de l'Être.

Je suis curieuse, tout me parle, kundalini, yoga du son, art, chant, danse rituelle, yin yoga, étude de textes sacrés, mandalas, retour à la nature…

Le chamanisme proposé par Romulo est un voyage à travers la psycho-magie, le yoga, la méditation, les plantes médicinales, la géométrie sacrée, les mandalas, les chants et les danses, pour trouver une connexion à la conscience universelle manifestée. Il ouvre un retour au point 0 de l'ego, sans plus aucune identification, seule voie vers le Samadhi, l'état d'unité. Le Samadhi ? Lorsqu'on commence à méditer, on a conscience du JE qui nous projette dans l'illusion de la dualité, dans le MOI vs LES AUTRES. L'effet miroir demeure et entretient l'illusion. Puis, petit à petit, l'ego fond, se dissout dans le Tout pour ouvrir un nouveau champ de perception, le champ de l'Unité, le sentiment absolu, charnel, sensible, aurique, d'être Un dans le Tout. On entre alors dans l'état d'Union avec le Grand Tout, qu'on appelle en sanskrit Ishvara, dans la paix intérieure, la joie profonde, l'harmonie universelle. C'est ça, le Samadhi.

« Quand cessent tous les mouvements de la pensée et les impressions du subconscient, l'esprit ressemble au plus pur cristal. Le sujet, l'objet et l'instrument de la connaissance coïncident, c'est l'unification. »

Patanjali, Sutra I, 41

Deux ans plus tard, pendant l'hiver 2017, il revient au Tigre pour un autre stage et me parle alors d'une formation qu'il va donner dans le Jura l'année suivante au début de l'été ; c'est une évidence, je dois y aller, je dois creuser ce sillon et le suivre. Les quelques cours de « yoga doux » que j'ai pu proposer en tant qu'enseignante m'ont donné une énorme envie de continuer sur cette voie, de bercer les élèves de ma voix, de les amener vers une autre intériorité... Mais il me manque le cadre, la technique, la logique de construction de ce genre de cours – extrêmement exigeant à préparer –, la compréhension de l'approche somatique...

Le yin yoga est une pratique dite restaurative dans laquelle on invite le corps à céder à la gravité avec douceur et patience, on explore les tissus conjonctifs profonds, on relâche les mauvais stress, ceux qui génèrent les tensions et les douleurs, on s'abandonne... Le yin, c'est aussi une invitation à plonger à l'intérieur de son inconscient, là où le corps émotionnel peut se manifester, là où les résidus karmiques stagnent et demandent à être nettoyés pour permettre au corps subtil de retrouver la paix et la joie. Lorsqu'on pénètre dans cet espace intérieur, dans la profondeur de soi-même où règnent le calme et la tranquillité, on y autorise le mental à lâcher ses résistances, et dans un confort qui n'est plus mentalisé mais émotionnel, on vogue dans un état de détachement des sens qu'on appelle pratyahara, « le retrait des sens ».

C'est décidé, j'y vais.

Avec une idée fixe : TRANSFORMATION – ACCEPTATION – RECONSTRUCTION.

On y est, mais après un long trajet train + bus, j'arrive fermée, éteinte, fatiguée, recluse en moi-même, sans aucune volonté de partage, d'ouverture, de bienveillance. La messe est dite, je m'installe dans mon coin et fuis autant que possible le cercle d'ouverture de cette semaine de formation au yin yoga chamanique. J'en ai pourtant rêvé, je l'ai attendue, mais une fois posée dans cette vallée perdue, en total décalage avec l'euphorie des trente participantes heureuses de se retrouver, je me dis que je suis chez les toc-toc et que je vais tenir maximum vingt-quatre heures. Je me fais remarquer étant la seule à avoir demandé une chambre avec salle de bains individuelle quand tous sont installés en yourtes ou tentes, mais j'assume, je n'ai pas envie qu'on m'emmerde, je veux de l'espace et de la propreté, même en pleine forêt.

Premier matin, 6 heures : sadhana.

La sadhana implique la pratique quotidienne du yoga à travers laquelle on manifeste son autodiscipline pour mettre au travail son mental et son corps, au service de son esprit, et de son infini potentiel. Et la sadhana la plus puissante est celle du matin avant le lever du jour, quand tout est calme et que l'inclinaison entre le Soleil et la Terre est idéale pour booster son énergie. C'est la meilleure introduction à la journée que l'on puisse s'offrir. Le simple fait de se lever plus tôt – un combat, pour certains –, et idéalement de prendre une douche froide, avec la volonté de pratiquer, est un gros travail sur le contrôle du mental et donc sur le développement de notre conscience.

Premier coup de cœur : je rencontre Marion S., intronisée par Romulo comme étant sa sœur de cœur et sa co-animatrice de la formation. Je la regarde avec respect et une pointe d'appréhension ; j'ai entendu parler d'elle, je sais qu'elle a un studio de yoga à Paris, qu'elle est aimée de toute la communauté yogique (elle), qu'elle est « vraie » (elle). Elle est solaire, lumineuse, drôle. Je me recroqueville dans un coin. Marion nous emmène dans sa pratique du kundalini avec une énergie contagieuse, remarquable pour ce créneau horaire. La sadhana se traduit littéralement par « le moyen d'accomplir quelque chose ». En l'occurrence, ça doit être de se lever du bon pied, ici, parce que entre les enchaînements de postures et de respirations kundalini, la musique, les mantras et la danse libre et fluide qui les suit, je sors de ces deux longues heures de pratique comme un poisson asséché qui aurait retrouvé la rivière. Je frôle même le sourire au petit déj, mais sans me mélanger au groupe.

Chaque jour est construit autour d'un élément : terre, eau, feu, air, éther. Dans cet ordre. Le rythme est donné, alternant sadhana « yang », donc dynamique, rythmée par le kundalini et la danse, puis les enseignements théoriques, les cercles de parole, la pratique du yin, les méditations, les chants et les rituels chamaniques de la fin de journée qui ponctuent le voyage du jour. Sous un dehors sans doute folklo, le programme est très intelligemment pensé, construit, et me met en confiance. Je sens que mes résistances lâchent doucement et je m'ouvre à Romulo, je cherche son regard, j'ai envie de réussir à livrer quelques mots, à un moment ou à un autre, même si je suis encore comme une enfant au fond de la classe pendant les cours.

Je ne veux pas qu'on me parle mais je me mets au moins à écouter.

Romulo semble appuyer là où j'en ai besoin. Il nous/m'explique que le déconditionnement s'ouvre avec l'exploration du yoga, que la matrice de ce que nous ne sommes pas va s'effriter progressivement pour entrer dans des espaces archétypaux et anatomiques mieux accordés avec notre conscience et notre système intérieur. Ce qui a été programmé pour nous ne fait plus foi et doit, dans une certaine mesure, être brisé pour déconstruire la symbolique et les codifications imposées par notre environnement social, familial, professionnel ou affectif. Alors j'entre dans l'expérience. Accepter d'analyser pour déconstruire son environnement social, c'est comme ouvrir une grande poubelle psychique et plonger les deux mains dedans sans gants et sans pouvoir se boucher le nez. Exactement ce dont j'avais besoin !

À chaque rituel, à chaque étape de la formation, je m'observe ainsi en train de déconstruire tranquillement toutes mes certitudes, j'ouvre chaque jour une page blanche, je commence à voir de la divinité en tout, même dans chaque cellule de mon corps.

Le chamanisme nous montre que notre conscience est beaucoup plus large que notre « petit moi » de tous les jours. Dans la vie quotidienne routinière nous vivons dans un état rétréci de conscience, souvent obscurci par ces pensées et schémas parasites construits par autrui pour nous (nous faisons d'ailleurs la même chose à notre entourage !).

Le chamanisme a ce pouvoir de nous libérer du brouillard mental de nos soucis quotidiens, de notre recherche obsédante de perfection, de réussite… Il nous « éveille » et répond à notre besoin de réenchanter nos vies, de les ranimer, au sens de « remettre l'âme au cœur de nos existences », mais aussi de retrouver l'équilibre profond entre l'homme et la nature pour mieux restaurer notre propre nature profonde. Ce lien spirituel avec la terre mère est à chaque rituel de plus en plus fort, évident, enfantin, spontané, doux, rassurant. J'ai l'impression d'avoir allumé de nouvelles lanternes sur mon chemin.

En marchant dans la forêt sur le chemin principal, qu'il suffit de suivre tout droit pendant plusieurs kilomètres avant de faire demi-tour, je suis tentée d'emprunter les sentiers de traverse, plus fins, plus broussailleux, plus mystérieux. Mais au moment de m'engager sur l'un d'entre eux qui semble redescendre vers un cirque naturel, je m'aperçois que je risque une fois de plus de ne pas retrouver ma route, d'être en retard, de me faire dévorer par des tiques qui attaquent fortement cet été, de me perdre et de me mettre ainsi dans un état de tension inutile… Et c'est comme dans ma vie. Pourquoi prendre ce chemin aventureux qui n'est pas moi, qui n'est pas pour moi, alors que cheminer sur un sentier tracé m'apporte mille bienfaits, tranquillité et lâcher-prise dans un environnement d'arbres protecteurs. Je souris toute seule. Non je n'irai pas me perdre, je reste où je suis, j'accepte de n'être pas aussi rock'n'roll et « wild » que je me fantasme, et je me dis que si ma bohémianitude s'arrête aux portes de l'Ouest parisien, eh bien c'est très bien comme ça ! Je souris quand même aux arbres.

ON NE TUE PAS L'EGO, ON L'ÉLÈVE, ON LE MET AU SERVICE DE SA PROPRE ÉNERGIE DIVINE, DE SA MAGIE.

Chaque pratique de yin nous autorise à fondre dans un espace de neutralité dans lequel il n'y a plus rien à atteindre, aucun objectif lié au corps et à la sensation. Le yin nous invite, à travers un nouvel espace d'écoute, à migrer d'une connexion de la conscience au monde extérieur vers une conscience connectée au monde intérieur, infiniment riche et paisible. Ainsi on autorise la matrice corporelle à être et à s'exprimer sans contrôle, ce qui, dans le temps, aura une résonance sur notre personnalité et notre liberté d'action.

Le troisième jour est le jour du FEU. Il me faut raconter celui-ci plus qu'un autre, car si chaque expérience a été un voyage enrichissant et hors norme, il s'est passé autour du feu un petit miracle, en tout cas quelque chose de l'ordre du sur-naturel. Peut-être parce que le feu permet la transformation, la dissolution des peurs ? Peut-être parce que je suis Lion et que le feu est mon élément ? Peut-être parce que mon tempérament orgueilleux est fortement lié à l'alchimie de la transformation ?

Le chamanisme utilise la psycho-magie pour nous connecter au divin qui se niche en chacun de nous, mais aussi dans chaque plante, dans chaque animal. Fleurs, feu, eau, plantes médicinales, chants, tambours… sont des outils de « passage ». Parmi les plantes qui soignent traditionnellement, certaines sont dites « plantes maîtresses », comme le tabac, l'ayahuasca et la sananga. Le jour du feu est le jour du rituel de la sananga…

Bien sûr, chacun est libre de participer ; rien n'est imposé, il faut se sentir en confiance, en adhésion avec le chemin vers le feu proposé. Je me sens calme et prête. Ce rituel est une évidence. En long prélude, nous passons trois heures l'après-midi les yeux ceints d'un bandeau noir ; pas une miette de lumière ne filtre pendant toute la pratique. C'est une expérience inouïe, car si le mental se débat la première heure, il finit par accepter la perte de ce sens et s'accroche aux autres, et tout devient plus clair, d'une certaine façon. Le yin, la danse, les chants dans le noir sont plus profonds, plus intériorisés. Je me maudis d'avoir mis un pull qui gratte, j'ai peur qu'au toucher on me reconnaisse, c'est absurde, pourquoi cette envie d'être cachée quand tout le monde a les yeux bandés ? ! Je vois dans le noir, je sens, je chante, je tourbillonne, j'adore ce rituel, je pars complètement, je me surprends à rire et quand les bandeaux tombent, je prends dans mes bras, j'étreins et j'embrasse chaque femme qui passe devant moi, je les trouve belles, rayonnantes, douces, pleines de grâce, mon cœur fond littéralement pour toutes celles à qui je ne voulais pas adresser la parole deux jours plus tôt.

Un feu brûle au milieu de la pièce, Romulo nous invite à écrire sur un papier un message karmique, puis à le brûler pour nous guider vers notre dharma, vers notre propre responsabilité envers cette vie, nous exhortant à agir pour libérer nous-mêmes nos peurs et nos souffrances. J'aime ces feux, définitivement ils m'appellent.

Après le dîner sonne l'heure du rituel, nous sommes en rond dans le shala, la salle de pratique, les voix et les instruments sont prêts à nous emmener dans cette nouvelle aventure, et Romulo ouvre le cercle sacré par un chant mystique amérindien qui appelle le feu. De longues minutes s'écoulent, nous chantons, les yeux fermés, au rythme des tambours, des maracas et des cymbales, puis il passe auprès de chacune de nous et nous verse une goutte de sananga dans chaque œil. Il nous a prévenues avec beaucoup de douceur et d'attention : ce n'est pas une douleur mais une brûlure, en aucun cas nous ne devons nous frotter les yeux ou le visage. Laisser couler les larmes fait partie de la purification offerte par la sananga, dont l'effet peut durer de 5 à 20 minutes. Changer sa vision en se brûlant les yeux...

Immédiate sensation de feu dans les yeux, comme des mèches incandescentes, envie de vomir, bouffées de chaleur, étourdissements... Je vis un cauchemar ! Les tambours battent, on chante en chœur « medicina cura », un chant traditionnel amazonien d'appel au pouvoir des plantes. Ma tête tourne, les larmes coulent. Je médite en pleurant, j'ai mal, je presse mes deux pouces sur mon troisième œil pour résister à la douleur de la brûlure, à la tentation de frotter, de nettoyer ces yeux que je suis en train de perdre. Je m'accroche à la main de ma voisine, j'ai chaud, je me déshabille, je suffoque. Longues minutes emplies de visions, d'images qui défilent comme dans un couloir de la mort, car elles vont disparaître, enfin, j'appelle le feu à les brûler, je suis dans une supplication intérieure qui m'aide à tenir. Les images des souffrances muettes de Maman, de son dernier souffle dans mes bras, image d'un faux bonheur familial hédoniste que j'ai fait voler en éclats, images de colères, de mensonges, de remords incarnés, de violences passées, images sales et révolues... Tout défile, consumé par les flammes, et chaque image dont mon inconscient devait se débarrasser glisse dans une larme qui coule et s'assèche. Fini. Lentement la musique faiblit puis s'arrête. C'est fini.

Progressivement je retourne à la réalité, Romulo vient me voir et m'intime avec une voix tendre d'aller vite au lit, sans écrans ni téléphone, et il me rassure, la brûlure va s'apaiser.

Demain c'est le jour de l'AIR, un jour nouveau. VÉRITÉ – CONSCIENCE – BÉATITUDE. On n'y est pas encore mais je suis sur le bon chemin. « *Rester dans la simplicité de ce qu'on aime, de ce qu'on est, c'est ça être vrai.* »

Juin

Ma première sensation au réveil est d'avoir un champ de vision plus clair, plus propre, épuré, lumineux. C'est sans doute psychologique mais j'ai un filtre de vue différent, comme si on avait transformé mon cahier de coloriage en cahier de dessin, comme si chaque page était désormais vierge et non plus préremplie. Je souris toute seule bien que, perturbé par tout ça, mon corps n'ait accepté de m'offrir que deux petites heures de sommeil. Je donne tout pendant la sadhana, je suis euphorique, je suis moi. Prête à repartir au combat de la vie, de ma vie, aujourd'hui, demain et les jours suivants.

Juillet

Juillet 2000 – Inde étape I

Échec à l'examen d'entrée de Sciences po : je tombe de l'échelle. Blessure d'ego, trou vide. Percutée de plein fouet par ce qu'on appelle communément « une grande claque dans la figure », il ne me faudra pas moins de quinze ans pour digérer la pilule. Et comme les emmerdes volent en escadrille (ce n'est pas de moi mais de Jacques Chirac), je n'ai déposé aucun dossier de DESS faute de lucidité quant à l'issue de l'examen… Aucun projet professionnel, pas un seul rendez-vous d'entretien sur un agenda désespérément vide, et bien sûr pas un sou en poche pour aller roucouler au soleil puisque, prépa Sciences po oblige, je n'ai pas pu faire une seule mission d'hôtesse cette année (avouons-le, ma petite taille m'a toujours réduite aux salons professionnels de la chimie, de la serrurerie [si si !] ou de la charcuterie, et je n'ai jamais adoré être un pot de fleurs, mais quand même, ça payait bien !)… Pour résumer, je suis face à moi-même, donc au vide intersidéral, et c'est la loose.

Une copine d'enfance croisée au café de la fac m'annonce qu'elle part la semaine suivante construire un orphelinat à Calcutta au milieu d'un groupe d'étudiants au grand cœur pour l'association Aide universitaire. Le temps de lui sourire, d'appeler Air France et de prendre rendez-vous à l'ambassade de l'Inde pour mon visa, et hop, je pars ! C'est ma première expérience de la générosité gratuite, et c'est une révélation. C'est aussi ma première réelle vision de la souffrance humaine dans tous les détails – or elle est polymorphe –, mes premières peurs face à l'agression physique : une nuit, sur un trottoir, je manque me faire arracher le sein et ne l'évite qu'en laissant partir mon sac avec tout mon argent, traveller chèques, passeport, billet d'avion… C'est aussi l'heure de mon premier lâcher-prise sur le confort cocooning et la propreté hygiénique de l'hôtel particulier familial du 16e arrondissement qui paraît, de là où je suis, être un lointain souvenir d'une autre planète… C'est enfin mon premier contact avec l'Inde, tout simplement. Pas le dernier.

Quand le taxi me conduit en ville depuis l'aéroport je découvre le spectacle de la misère humaine, des alignements interminables de cabanes branlantes aux poêles à charbon crachant de la fumée noire, je découvre les mendiants squelettiques et les lépreux, je découvre l'aumône et la puanteur.

Comment vous parler de l'Inde, devenue un pays de cœur ? L'Inde, pays des paradoxes où les femmes ne peuvent dénuder leurs épaules mais où les hommes défèquent sur le trottoir, où il est interdit de fumer dans la rue mais où on peut monter à cinq, sans casques, sur un cyclomoteur, l'Inde des saveurs et des couleurs où on ne jette plus un regard sur un unijambiste, l'Inde de la culture, des palais, du goût raffiné, de la danse, du yoga, du kalaripayat, l'Inde des encens et des turbans, l'Inde de la misère et de la violence, l'Inde des chiens crevés, l'Inde de l'impudeur, l'Inde de la délicatesse, l'Inde des Dieux et des temples, l'Inde des très pauvres, l'Inde des très riches… Un premier voyage en Inde ne doit jamais être anodin. Celui-là ne l'a pas été pour moi : je ne me suis pas transformée en hippie à dreadlocks, mais chaque visage de cette Inde a laissé en moi la trace d'une gravure profonde.

Les journées bénévoles sont denses, rythmées par le travail matinal sur le chantier pour construire l'orphelinat, brique après brique, dans la moiteur parfois insupportable de l'été, et les activités avec les enfants à l'école, l'après-midi : théâtre, peinture, rénovation des salles de classe, bricolage des petits bureaux. J'oublie que je ne sais rien faire et je fais. J'adore, je ne me lasse pas des sourires des enfants si fiers et reconnaissants – notion que les adultes semblent avoir abandonnée à leur enfance, car la gratitude des « grands » Indiens est aussi rare et éphémère que celle des enfants est spontanée et sans limite.

La transpiration permanente du corps nous épuise, la pollution sonore, olfactive, visuelle laisse peu de réserve d'oxygène frais à l'esprit, et certains d'entre nous, moi la première, vacillent parfois. Un jour plus dur que les autres, au détour de ruelles encombrées du souk de Calcutta, chargée de pots de peinture, j'entre dans un temple pour m'abriter de la violente et soudaine mousson. Je retire mes chaussures, l'air est frais ici, je n'ai plus envie de ressortir, alors j'avance, et d'un seul coup la lumière de paix logée dans le sourire doux d'un ascète méditant me touche pour la première fois de ma vie. Ce sourire s'est sanctuarisé dans mon cœur. Impossible de vous expliquer pourquoi, c'était un état de grâce, l'illumination de la bienveillance existant dans le cœur des hommes, une vision de Paix. Je n'ai jamais pu l'oublier, comme si j'avais touché du doigt l'harmonie que chacun porte en soi et peut laisser se diffuser dans tout son être sacré…

Cette mission humanitaire indienne est aussi l'occasion d'une rencontre, liée à la lecture et mise en scène de la Bhagavad-gita pour les enfants de l'orphelinat. C'est mon premier contact avec le dialogue entre Krishna et Arjuna, dont je ne saisis en cet été estudiantin que la narration poétique et épique, mais dont j'explorerai la portée philosophique et spirituelle quelques années plus tard, lors de ma formation de professeur de yoga.

La Bhagavad-gita, littéralement « le Chant du Bienheureux » est la partie centrale du poème épique, philosophique et religieux du Mahabharata. Ce texte est un des écrits fondamentaux de l'hindouisme, souvent considéré comme un abrégé de toute la doctrine védique, dans lequel un véritable enseignement sur la vie est délivré par le dieu-cocher Krishna au combattant Arjuna. Ce message, qui a traversé les siècles, reste d'une étonnante actualité par les réponses qu'il apporte à des questions existentielles majeures : quel est le but de la vie ? Comment s'accomplir en ce monde ? Comment trouver la paix et la plénitude dans un monde troublé ? Quel est le sens profond de l'action ?
Trois voies principales répondent à ces questionnements :
– l'action accomplie avec une attitude juste, sans égoïsme : le Karma yoga
– la voie de l'amour divin et de l'ouverture du cœur : le Bhakti yoga

– la voie de la connaissance fondée sur l'étude des Écritures, l'investigation intérieure et la méditation : le Jnâna yoga.
S'il y a un message à retenir : ne pas cesser d'agir, mais sans jamais chercher le fruit de son action, dans un détachement sincère du résultat de l'action...

Il faut également que je vous parle de Varanasi – Bénarès – et de la sensation que j'y ai éprouvée : celle d'entrer dans une ville aux portes de laquelle l'histoire aurait arrêté le cours du temps. Je me suis échappée de la mission pour voyager et explorer cette ville sainte après quinze heures de train. Les pèlerins bouddhistes et hindous y sillonnent les rues, les touristes essayent de se glisser dans les habits locaux, souvent ridicules. Je croise des processions religieuses à chaque coin de rue, sans en comprendre le sens, mais je me laisse porter. Des Australiens – ou Néo-Zélandais – m'invitent à les accompagner à un concert de chambre, dans une pièce carrée sans murs où seuls de vieux voiles déchirés laissent entrevoir la vue sur le Gange. Je fume, me laisse bercer par les cithares, et entre dans un état méditatif second, sans doute celui que des années plus tard je qualifierai d'état modifié de conscience. Étonnamment, je me souviens de cette scène avec beaucoup de précision. De même, je me souviens des ghats le long du Gange, ces portes sacrées au pied desquelles s'installent les méditants, les religieux ou les enfants espiègles. Je me souviens des hordes de singes et des crémations sur les rives du fleuve. Je me souviens des odeurs et des couleurs délavées. Je me souviens à quel point je me suis sentie heureuse, libre et protégée dans cette ville. C'est peut-être ça, la magie des lieux saints.

Juillet 2006 – Montagnes kirghizes

Je fais partie de ces gens qui pensent que fuir est constructif, fuir est courageux, fuir est une reconnexion à son instinct animal. Moi, en cet été de mes 28 ans, je fuyais un amour non réciproque, mais j'aurais pu fuir autre chose… peut-être le faisais-je sans me l'avouer, d'ailleurs. C'était une période troublée, de distances familiales, de déni de moi-même, d'adolescence attardée, une période de fêtes dévastatrices, de non-limites, de tentatives pour comprendre, de jugements mal partagés.

Pourquoi le Kirghizistan ? Parce que, partie dans ma tête pour les plaines de Mongolie, j'ai eu la chance et l'honneur de déjeuner – grâce à mes relations hippiques puisque je travaillais à l'époque pour un organisme de courses – avec l'écrivain, homme de femmes, de lettres et de grands espaces, Jean-Louis G. Aventurier charmeur aux cheveux blancs d'un autre temps, baroudeur romantique épris de chevauchées comme on n'en fait plus, un John Wayne solitaire, la plume en plus. Et qui, fort de son fait, m'a délicatement imposé de changer mes plans pour aller galoper autour de l'Issyk-Koul, le plus grand lac de montagne du monde situé à 2 000 mètres d'altitude sur les hauts plateaux du Kirghizistan, terre de cavaliers nomades, bergers et voleurs de jeunes filles.

Sans hésiter j'ai changé de destination. Confrontée à l'empêchement de dernière minute de mon petit copain d'alors qui devait se joindre à moi (j'oubliais avec lui, avec tendresse mais peu de conviction, mon grand amour anglais, immense séducteur quadra au bagou inoubliable que je devais un peu trop partager à mon goût), j'ai pris mon billet, sans savoir, en arrivant à l'agence Air France

Opéra (on ne parlait pas encore de dématérialisation des billets...), quel était le nom précis de la destination !

Trois jours et un passage chez Décathlon plus tard, j'étais dans un tupolev avec tablette et accoudoir en bois (véridique !) en route pour Bichkek. Souvenir mémorable de l'arrivée sans visa ni monnaie locale ni réservation de taxi ni hôtel, dans une ville postsoviétique non revisitée par les codes architecturaux contemporains... De grandes avenues rectilignes de grands immeubles rectilignes quelques parcs rectilignes aux arbres rectilignes des restos et des visages rectilignes... Tout était irréel mais je me sentais libre. Je n'ai pas fait long feu et suis vite partie en taxi-brousse vers les montagnes.

Est-ce que ma passion des montagnes et des grands espaces vient de là ? J'ai du mal à décrire l'effet thérapeutique puissant qu'ont les sommets sur moi. J'ai lu dans un magazine de psycho qu'on trouverait huit mille ions négatifs au centimètre cube en haute montagne, seulement mille deux cents à la campagne et deux cents en ville. Ce sont peut-être ces « vitamines aériennes » qui agissent sur mon organisme. Ou tout simplement la liberté que procurent les espaces infinis, l'idée qu'on ne peut pas me trouver, qu'il n'y a ni barrière ni signalisation pour m'indiquer le chemin à suivre. Dans cette vallée kirghize où sans téléphone portable je ne suis pas traçable, je me sens heureuse et libre, dans l'observation permanente. Mon guide ne parle pas anglais, je ne parle pas russe. En termes de communication les gestes suffisent à établir les pauses déj, arrêts pipi et stop-on-campe. Pour le reste, il n'a pas envie de partager, je n'ai pas envie de savoir, je ne pose aucune question, il n'a aucune réponse.

Comme je n'ai évidemment pas le sac de couchage adapté aux nuits glaciales, je passe une première nuit blanche à me demander si j'aurai toujours mes jambes au réveil, et je souris de bonheur quand je comprends la deuxième nuit que nous sommes invités à dormir dans la yourte d'un berger kirghize au chapeau pointu que nous avons croisé – par hasard ? – sur un flanc de montagne isolé. Pour l'anecdote, j'avais initialement compris que le berger et sa famille nous laissaient leur yourte et je me proposais donc de les aider à monter ma tente, quand il a fallu me rendre à l'évidence : la nuit allait être collective… J'étais invitée à dormir sur les couvertures en rang d'oignon entre le berger et la bergère, invitée d'honneur oblige. Le tout dans une ambiance surchauffée et odorante, le principe de la yourte étant, comme chacun sait, de n'avoir aucune fenêtre ni ouverture autre qu'une épaisse toile de porte bien ligotée la nuit. Heureusement que j'avais glissé du Lexomil dans ma pochette spéciale lingettes (mains, foufoune, visage, j'avais dévalisé la pharmacie au rayon grand voyageur). Immense moment de « qu'est-ce que je fous ici ?… ».

Les premières nuits n'ont pas été une sinécure, mon premier bain anti-lingettes dans le torrent de montagne non plus. Mais avec un peu (beaucoup) de recul, cette expérience a été une des plus belles et des plus heureuses de ma vie. Je n'ai jamais autant aimé ce sentiment de liberté immense, d'union à la nature, de jouissance intérieure. Je ne méditais pas encore mais j'étais déjà une méditante. Pleine de tocs certes, un peu en manque de confort, de batterie sur mon iPod et de cigarettes, mais en profonde communion avec moi-même. Les quinze jours qu'a duré cette cavalcade ponctuée de rencontres improbables, de chevauchées inouïes, de découvertes et de dégustations de lait de jument et autres plats fermentés par la vie ont été et restent inoubliables.

LECTURES :
« CORRESPONDANCES », *LES FLEURS DU MAL*, DE BAUDELAIRE
RIEN QUE LA TERRE, DE PAUL MORAND
JOURNAL, D'ETTY HILLESUM

> « Je ne vois pas d'autre issue : que chacun de nous fasse un retour sur lui-même et extirpe et anéantisse en lui tout ce qu'il croit devoir anéantir chez les autres. Et soyons bien convaincus que le moindre atome de haine que nous ajoutons à ce monde nous le rend plus inhospitalier qu'il n'est déjà. »
> Etty Hillesum (1914-1943), auteur de lettres et journaux intimes décrivant son éveil spirituel et la persécution des Juifs de Hollande pendant l'occupation allemande.

Juillet 2008 – Enceinte

Je dois continuer à faire comme si tout était normal, comme si cette grossesse partagée avec un homme pas encore divorcé qui ne veut plus toucher mon ventre et marche en crabe à mon approche était un non-événement. Alors bien sûr la visite des cinq mois chez ma gynéco tourne à l'affrontement. À ma gauche la moi working-girl qui n'a peur de rien, à ma droite la moi future mère qui a peur de tout... Ma gynéco chérie arbitre et me sermonne : « Le bébé n'a pas grossi, toi non plus, ton bassin est bloqué et il ne bouge toujours pas... Si tu n'en voulais pas il ne fallait pas le garder ! » Voilà, ça, c'est dit. Sur un ton sans concession.

Je m'évade le lendemain pour l'Espagne chez une amie merveilleuse entourée de petites sorcières, et m'abandonne à leurs conjectures folles, ésotériques, à leurs rituels maraboutés, à leur tendresse pleine de bon sens. Qu'est-ce qu'une sorcière si ce n'est une femme qui lit mieux les corps et les âmes que les miroirs ?

Comme j'ai mal au dos, elles me bookent une séance chez une chiropracteuse sévillane, qui m'explique dans un français maladroit que la chiropratique apporte une réponse efficace pour traiter les douleurs mais principalement recherche leur origine.

La douleur est souvent liée à un choc, à un stress physique ou à un stress émotionnel. La réponse protectrice du corps face à ces agressions se traduit par des tensions musculaires et une diminution de la mobilité, d'où un déséquilibre postural qui entraîne des informations erronées au niveau du système nerveux… Elle précise qu'elle est là pour redonner la bonne information à mon corps à l'aide d'un ajustement, d'un geste précis, doux et *a priori* indolore qui va, normalement, aider mon corps à retrouver un meilleur équilibre postural et faire disparaître mon mal de dos lancinant.

Elle regarde mon dos, mon ventre, pose ses mains, et me dit droit dans les yeux : « Le père, il ne veut plus vous toucher ? » Silence. « Tant que vous ne direz pas à ce bébé qu'il est le bienvenu, il restera recroquevillé dans son coin pour ne pas déranger. Là il sent qu'il gêne… » Pinces, manipulations, mots doux, elle allège mes douleurs dorsales, et libère un poids dans mon ventre. Je parle à mon bébé le soir, encore et encore, et allongée dans ma baignoire, « toc-toc », premier coup de poing. Incroyable ! J'ai envie de pleurer, la sensation de ce petit garçon qui vient de déclarer sa présence est indescriptible, mon cœur bondit, je vais vraiment être maman.

Après la chiropracteuse, la chiromancienne (qui a dit que le corps portait tout le poids de la grossesse !). Les cartes aussi parlent, ouvrant et découvrant à leur tour cette nouvelle facette de ma vie : mère ET femme, puissante et débordante. Face à moi, elle est formelle, je suis faite pour être maman, au cas où j'en douterais... On m'avait tellement dit que mes déséquilibres hormonaux m'empêcheraient fortement de tomber enceinte ! Le petit garçon manqué qui m'a longtemps habitée disparaît sans doute à cet instant T.

Juillet 2011 – Enceinte (encore)

Vacances en Grèce. Mes seins ressemblent à deux jolis ballons. Je savoure chaque jour de ces premières vacances avec Jules et son père. Il aura fallu attendre deux ans et demi pour qu'ils se regardent, pour qu'ils communiquent, pour que nous ne soyons plus 2 + 2 mais 3. C'est une période de bonheur absolu.

Alors nous sommes trois, et mon inconscient refuse que nous soyons déjà quatre, même si mon corps l'affiche magistralement. Promis, je ne savais pas.

Retour à Paris début août, le couperet tombe, je suis enceinte. Je viens d'avoir 34 ans, je suis seule à Paris et je dois me débrouiller pour que ça s'arrête.Tant de femmes ont vécu cet épisode de vie, si douloureux, pourquoi le raconter si ce n'est m'en libérer...

Le secret est bien gardé, sauf pour Maman, qui m'appelle du Sud le matin aux aurores : « Viens me chercher à l'aéroport, je décolle bientôt, hors de question que je te laisse vivre cela seule. Je sais tu n'as besoin de personne mais quand même. » Et là je l'aime plus que tout au monde parce qu'elle est là, parce qu'on traverse cette journée surréaliste ensemble, parce qu'elle partage viennoiseries et magazines avec mes camarades de chambre qui pleurent autant que moi et qui ont faim parce qu'elles sont à jeun, dans ces murs dont j'ai oublié le nom, où en quelques heures se jouent et se déjouent des vies à l'abri des regards, sans qu'on en parle, sans qu'on sache, et hop c'est fini.

Et quand elle me dépose le soir à la maison, je vais bien, je m'arrête chez le coiffeur pour changer de tête (c'est bien un truc de fille, ça) et me faire faire une manucure violette (je n'ai jamais compris pourquoi ce choix de couleur immonde). Le lendemain je pars retrouver le père qui est miraculeusement réapparu, et je souris, rien n'a eu lieu, rien ne s'est passé, la vie continue. Jusqu'à…

Je réalise aujourd'hui que mon corps sait que j'ai vécu cette grossesse ? Je n'ai jamais cherché – peut-être à tord – à renouer avec cet enfant. Libérer ce secret aujourd'hui est ma façon de le faire. J'ai refusé la vie, en contradiction avec l'élan naturel d'une mère, et j'ai refusé le deuil, par culpabilité, par honte, par confort intellectuel. J'ai séparé en conscience l'arbre généalogique de ma descendance et je prie pour qu'elle ne porte pas la mémoire cellulaire de cet acte.

Juillet 2013 – Enceinte (dernière fois)

Je quitte l'agence de communication commerciale qui m'emploie pour me jeter dans le grand bain de l'entrepreneuriat. Je rends les clés de ma ravissante Mini de fonction et mon iPhone dernier cri, j'abandonne les lambris élégants de mon beau bureau du parc Monceau, j'embrasse la collaboratrice qui gérait ma vie depuis deux ans avec tendresse, je renonce de mon plein gré aux bonus et avantages matériels, et pour la première fois de ma vie, je m'éclipse en catimini sans cadeau ni cotillons de sortie. Alma va arriver, pas de doute là-dessus puisque, ça y est, je ne vois plus le bout de mes orteils, et ma nouvelle vie m'attend, là, devant moi. On me traite de folle, tant pis, je sais que la folie est raison.

« Celui qui a un "pourquoi" qui lui tient lieu de but peut vivre avec n'importe quel "comment" »

Nietzsche.

Je découvre *Le Pouvoir de l'instant présent* d'Eckart Tollé, probablement l'un des livres les plus importants de notre époque. Pas celui qui m'aura le plus plu ni le plus marquée, mais presque un passage obligé qui devrait être proposé dans les lycées, en classe de seconde, quand on commence à se noyer dans des tergiversations d'adulescent en devenir. Son enseignement simple, presque simplet, fondé sur l'expérience d'un homme qui « ouvre les yeux », est étonnamment profond et a aidé des millions de gens à travers le monde à trouver la paix intérieure et à se sentir plus épanouis dans leur vie – alors pourquoi ne pas l'universaliser ? Au cœur de ce partage d'expérience se trouve l'enseignement de la conscience de soi pleine et entière. Pour Tollé, en vivant dans l'instant présent, « nous transcendons notre ego et accédons à un état de grâce, de légèreté et de bien-être ». Ce livre me capte. J'ose le dire, il me donne des papillons dans le ventre, une petite joie intérieure de sentir que j'ai pris la bonne décision, que dans quelques mois je vais entrer dans la vie qui m'attendait depuis si longtemps. Comment vivre plus dans l'instant présent que lorsque l'on porte soi-même la vie et qu'on s'apprête à transformer la sienne ? !

L'excitation de cette évidence décuple mon énergie. Je suis euphorique, épuisée et énergique : les trois E. Direction le Sud, La Vigne de Ramatuelle, mon ordi sous le bras. Enceinte de sept mois et demi, je grimpe à 5 heures du matin les kilomètres des chemins de Ramatuelle me menant vers notre spot secret de lever du soleil. Je me colle avec mon gros ventre aux arbres, je suis immergée de joie, d'appréhension et d'impatience de cette nouvelle vie qui me sourit.

« Les seuls gens vrais pour moi sont les fous, ceux qui sont fous d'envie de vivre, fous d'envie de parler, d'être sauvés, fous de désir pour tout à la fois, ceux qui ne bâillent jamais et qui ne disent jamais de banalités, mais qui brûlent, brûlent, comme des feux d'artifice extraordinaires qui explosent comme des araignées dans les étoiles, et en leur centre on peut voir la lueur bleue qui éclate et tout le monde fait "Waou !". »

Jack Kerouac, *Sur la route*

De cet été-là est né mon amour pour Ramatuelle, « l'antre des dieux », en arabe, qui devient ma terre refuge, chez Alesque, la marraine de ma fille. J'aime toujours les paysages normands de mon enfance dans lesquels j'ai grandi dans ma vie de femme et de maman, mais je n'y trouve pas la même magie quasi mystique. Dans le Sud je découvre la force des levers de soleil, la puissance introspective des marches en silence, l'apaisement des câlins aux arbres (j'y mets la sylvothérapie à l'honneur avant l'heure, de préférence au lever du soleil quand la montée de sève est la plus puissante), la logique implacable de la permaculture, le goût des légumes colorés, je cultive l'amitié, les apéros et la méditation, je laisse l'énergie des émotions se manifester sans barrière.

Ramatuelle n'est pas la côte tropézienne, c'est un petit paradis protégé où la nature est généreuse, où la terre dégage des vibrations bienfaitrices, où chaque ciel se laisse observer lascivement pendant des heures… Je me sens bien, la terre peut aussi nous apporter cela, un sentiment de bien-être, de stabilité, de sécurité. Je me reconnecte à mes sens quand j'y suis, j'oublie mes vieux démons.

Voilà. Rien d'autre de majeur à déclarer, je couve et je suis bien.

Juillet 2016 – Fuite en Inde

Je ne sais pas encore pourquoi, ni même si je vais trouver une réponse. J'assume, je fuis. Trois semaines en Inde. Seule. Sans vraiment réfléchir ni préparer mon voyage, je m'inscris dans une formation de prof d'ashtanga dans la capitale mondiale de cette pratique de yoga dynamique, Mysore. « Petite » ville à l'échelle indienne située dans le Karnataka, Mysore est riche d'une histoire princière passionnante égrenée au fil des siècles dans le palais qui abrite toujours son maharadja. C'est aujourd'hui encore un lieu de pèlerinage, de rencontres, d'ode à l'art de vivre indien traditionnel, et un must-see un soir par semaine, avec l'illumination de ses milliers de guirlandes et un défilé d'éléphants dans le fond des jardins. C'est la cinquième fois que je viens en Inde, et à chaque fois je découvre un autre pays.

Arrivée à l'école je réalise rapidement que je n'ai plus forcément l'âge de m'intégrer à un groupe d'étudiants aussi sympa soit-il, de tous pays et de toutes cultures, et que mon côté « roots » a disparu depuis le premier voyage en Inde de mes 20 ans. Vingt ans se sont passés… Une vie. Je voudrais me fondre dans les murs. Je partage les 10 mètres carrés de chambre avec une Américaine à la voix haute – tout ce que je déteste – qui a pour priorité de laver et faire sécher son linge. Organisation parfaite spéciale pas-de-machines, le panier sèche-linge manuel, les mignonnettes de lessive, le fil à étendre le linge qui, plus long que le mur de la chambre, traverse notre cube en transversal, et tout le kit de campement pour avoir une maison hors de sa maison. Je suis fascinée mais quinze jours, c'est long. En plus, elle ronfle.

Dès le premier matin notre maître plante le décor en arrivant pour le cours de 5 h 15 : vous vous êtes échauffés ? Non ? À demain. Il part. Le lendemain tout le monde est au rendez-vous à 4 h 45, moi la première. Outre les heures de Mysore du matin, les cours d'ajustement, les heures de théorie sur la philosophie indienne et l'anatomie, les séances de méditation ou de mantras, j'ai jugé bon de m'inscrire dans le groupe de niveau 2 qui a trois heures de cours en plus l'après-midi. L'occasion d'aborder la deuxième série de l'ashtanga dont une grande partie se passe sur la tête ou sur les mains. Je ne mange presque plus, je ne parle à personne, je m'immerge dans la pratique, les textes, les enseignements, j'en rêve la nuit. La formation est si intense et si exigeante physiquement que mon cerveau n'a plus de pensée, plus de tristesse, je me lobotomise dans mon corps. Exactement ce que je voulais.

Un bel après-midi de relâche du programme de formation, je décide de m'échapper seule, ignorant avec élégance les invitations à me joindre au groupe des élèves transformés en touristes multiconfessionnels, et je parcours la ville sans but ni montre. C'est un jour de célébration comme il y en a tant en Inde, impossible de me souvenir de quel dieu ni de quelle foi il s'agit ce jour-là. Par automatisme j'entre dans le temple en backchichant le gardien pour ne pas faire deux heures de queue (on ne se refait pas), d'ailleurs je n'ai aucune idée de la raison pour laquelle j'ai envie d'y aller, mais je dois y entrer.

Je déambule aussi lentement que me le permet la foule compacte, sans aucun libre arbitre concernant ma voie de circulation. Pourquoi les Indiens n'ont-ils aucun sens de la distance physique ? Ils ont une capacité à se coller les uns aux autres qui me fascine, à se marcher dessus sans vergogne, vieux et enfants compris. Et mon espace vital, alors ! ? (Ils n'ont pas vu *Dirty Dancing*.) La longue file de pèlerins en procession dans le temple m'empêche de faire une pause, me pousse à avancer, pieds nus sur les pavés froids et sales, j'ai besoin de m'asseoir, je trouve un petit coin derrière une statue de Ganesh monumentale. Soudain un (ou une ?) enfant habillé en coccinelle (véridique !) me regarde avec des yeux-bouche pleins de sourires, que je fixe instantanément. Et je fonds en larmes face aux taches noires sur fond rouge. Ces yeux ronds ne me quittent plus du regard, mes larmes ne quittent plus mes joues, tout coule dans un chaos général absolu (celui qui a connu les pratiques cérémoniales religieuses traditionnelles visualisera bien la scène…). Parce que la coccinelle est un symbole familial devenu iconique depuis le départ de Maman, j'ai le sentiment qu'elle est là, dans cet enfant, bousculé par la mastodonte file indienne de pèlerins cherchant à bénir, quoi à part eux-mêmes, dans ce temple sombre et humide qui n'offre aucun recoin de prière autre que les coupelles d'offrandes appelant la généreuse pièce du croyant. L'enfant-coccinelle me fixe du regard, interloqué par mes larmes, moi je fixe ses pois noirs, interloquée par leur netteté sur le fond rouge (du pull, de la robe ?). Tout le monde me pousse, je dois partir, je ressors complètement stone au bout de minutes qui me paraissent une éternité, et bien sûr il y a un avant et un après la traversée sauvage de ce temple car j'ai l'impression d'avoir rêvé, mais la coccinelle était bien là ! Je regarde, hagarde, le gardien de chaussures qui attend ma générosité pour retrouver la mémoire d'où il a rangé les miennes, je marche dans le vide et redescends vers la vie réelle en frôlant dangereusement chaque tchouk-tchouk.

Maman pourquoi es-tu partie ? Livre-moi un message, quelque chose ! Pourquoi réapparais-tu là, comme ça ? Tu es libre, c'était ça ce que tu voulais ? Toute la pression physique et émotionnelle des derniers mois, des mois d'hôpital, des mois à tenir pour mes enfants, pour mes frères, des mois de disputes et de non-dits dans mon couple que je ne supporte plus, des mois à faire semblant d'être une super-chef d'entreprise solide et confiante en l'avenir, des mois à me sentir trahie, lâchée, des mois à me chercher, à me demander ce que je dois être et qui je dois être… tout lâche, je suis un torrent de larmes.

Dernière étape du voyage, l'ashram de Sri Sri Ravi Shankar, The Art of Living. Je me suis laissée convaincre de participer au programme Happiness et comprends vite que ce seront quatre jours comme je les déteste, à devoir suivre des règles, un groupe, une didactique, des heures à s'écouter et à se regarder le nombril avec un guru (une en l'occurrence, à la voix nasillarde), quatre jours d'injonctions pour trouver son bonheur en soi. Ça peut être surprenant de la part de mon esprit curieux, voire avide, de ce genre de guruïsation spirituelle prémâchée, mais je me sens de plus en plus mal, j'étouffe d'heure en heure, je trouve chaque discours ubuesque ! Je guette le soleil dehors et je finis par m'enfuir, école buissonnière, surtout ne jamais y retourner. Je marche dans la campagne autour du campus et m'installe en méditation sur un banc branlant dans un vieux temple indien du fin fond du Karnataka. Je repense pour la millième fois à Maman, à son image, à son sourire. Si fortement connectée à elle. Pourquoi est-elle partie ? Pour la millième fois je ressens mon ingratitude, tout cet amour à côté duquel je suis restée posée dans l'indifférence. Est-ce qu'elle a abdiqué d'avoir trop donné et pas assez reçu ? D'avoir trop concédé, d'avoir incarné un rôle dont elle n'aimait plus les habits ? Je cherche les messages, encore et encore.

« Explore-toi toi-même. » Henry-James Thoreau, reprenant les propos d'Emerson, affirmait que « voyager est le paradis des sots ». À quoi bon, en effet, faire le tour du monde quand partir à la recherche de soi est une odyssée nettement plus rentable d'un point de vue existentiel ? Voyager, c'est souvent se perdre. Partir en quête de soi, c'est peut-être se retrouver.

Le soir, tous les étudiants et disciples du guru de l'ashram se réunissent en satsang, qu'on pourrait traduire littéralement par une assemblée de vérité. C'est une rencontre avec celui (ou celle) qui incarne un passage vers le savoir. Si le programme des journées m'est insupportable, celui des soirées m'enchante. Sur le chemin de la connaissance de soi que je traverse actuellement, le satsang, mon rendez-vous quotidien avec le monde social, m'offre un relais, un espace de réflexion partagée pour repartir nourrie. Au milieu de cette assemblée bigarrée, j'ai le sentiment de vivre une expérience « unifiante », une exploration collective du chemin vers la compréhension de l'existence, je laisse résonner ce qui se présente, sans filtre ni jugement puisque je suis seule. Je fais l'expérience de l'ouverture du cœur, du bakhti yoga, dans le regard bienveillant (je suis fâchée contre le fait qu'on a galvaudé ce mot si pur) que nous nous portons tous mutuellement.

LECTURES :
APRÈS L'EXTASE LA LESSIVE, DE JACK KORNFIELD
UNE SAISON EN ENFER, ARTHUR RIMBAUD
LA PUISSANCE DE LA JOIE, FRÉDÉRIC LENOIR

Juillet 2017 – Montagne et cancer

« La pleine lune du 9 juillet apporte la transformation et la destruction par le renouvellement. C'est le niveau le plus puissant qu'une pleine lune puisse atteindre. Les émotions sont déjà élevées, mais pendant la pleine lune elles deviendront encore plus puissantes, et de plus en plus dévorantes, faisant remonter à la surface des sentiments aussi profonds qu'intenses, obsédants, des rêves, visions, impressions psychiques et idées intuitives qui auront une influence profonde sur vos décisions. »

Le lendemain de ma fête de mariage qui célèbre également les dix ans de rencontre avec le père de mes enfants et, un peu en avance, mes 40 ans, je file vers les montagnes. En route avec mon frère, mon complice, pour un stage de préparation à l'ascension d'un massif du Mont-Blanc organisé par le collectif bénévole Un Sommet de Plus que nous soutenons depuis quelques mois.

Un Sommet de Plus c'est un magnifique projet caritatif qui m'a bouleversée parce que à travers la maladie de Maman, j'ai découvert un autre univers, ou plutôt deux : à la fois celui de la maladie et de l'hôpital, mais aussi et surtout le monde intérieur – qui s'écroule souvent – de la féminité malade, de la féminité atteinte dans ses chairs. Les cancers de la femme ont un impact psychologique et physique évident avec une perte de l'estime de soi, et des traitements lourds induisant fréquemment des difficultés psychosociales que j'ai pu constater chez Maman comme chez d'autres femmes atteintes par le crabe.

Un Sommet de Plus c'est un pari fou : mettre en place un programme de préparation pré- et post-opératoire centré autour des sports de montagne pour permettre aux patientes d'aborder et d'assimiler les traitements, mieux préparées physiquement et psychiquement. En invitant ces patientes, capables de pratiquer la randonnée en montagne, à participer à des entraînements et ascensions à différentes périodes de l'année, Un Sommet de Plus leur ouvre de nouveaux horizons de dépassement de soi, leur permet d'affronter de nouveaux challenges mentaux et émotionnels pour surmonter la maladie.

En parallèle l'association propose des pratiques psychocorporelles douces pouvant améliorer le bien-être général des patientes pendant le traitement, telles que yoga et méditation… Alors évidemment, quand Alain T. et Arash R., les deux oncologues généreux et charismatiques qui ont eu cette idée géniale, m'ont proposé de les soutenir, j'ai dit oui, et j'ai embarqué mon frère sans l'ombre d'une hésitation.

Les premières rencontres ont été merveilleuses : complices sans se connaître, les amitiés affinitaires se sont tissées rapidement, et l'entraînement s'est égrené au fil des mois pour construire pas à pas une aventure humaine aussi épique qu'inoubliable.

Ce n'était plus la chef d'entreprise ni la maman mais la prof de yoga qui s'est investie à 100 % dans ce défi d'entraîner et de faire vivre ce groupe en perspective de l'ascension. Peu utile sur le papier, je donnais du temps et de l'énergie pour réunir le groupe dans les espaces des Tigres, créer de la cohésion à travers différentes pratiques sportives ou méditatives qui nous aideraient à grimper. Car le défi était le même pour chacun et chacune de nous ! Chaque rencontre était joyeuse, complice, solidaire.

Et juillet arrive enfin, dernier stage avant l'ascension prévue en septembre, nous voilà dans le chalet. Coup de foudre pour cette montagne, pour l'escalade, pour l'alpinisme. « C'est l'ascension elle-même qui est l'aventure, et non seulement le fait d'atteindre le sommet », nous rappelle Jon Kabat-Zinn, thérapeute et écrivain américain, père de la célèbre méditation de pleine conscience.

À l'approche de mes 40 ans mon enthousiasme excessif ne m'abandonne jamais, mon amour des grands espaces et des sommets non plus. Peut-être parce que je suis bien moi-même dans mon corps après des années de lutte, j'aime aider ces femmes d'un simple sourire, d'une attention, d'un regard complice. Au-delà de tout jugement, et sans « servir » à grand-chose si ce n'est de les aider chaque matin à méditer, à se connecter à leurs sensations comme à leur souffle de vie, je me sens légitime d'être là par le simple amour profond et sincère que j'éprouve pour elles, par l'envie viscérale de les aider à sortir de leur corps ce crabe absurde, à dépasser l'aliénation médicale qui les prive de leur liberté de vivre…

Août

Août 2009 – Anorexie d'été

J'ai une technique imparable pour me faire vomir sans que personne ne le remarque, un Kleenex et un chewing-gum toujours dans la poche, et hop, anorexie tout-terrain ! Je frôle la maigreur. Mes copains normands que je retrouve tous les étés s'effraient, m'envoient des messages maladroits, ma famille me braque plus qu'elle ne m'aide, les verres d'alcool s'enchaînent à défaut des fourchettes de nourriture solide. Je refuse de voir où est le problème, je pense m'aimer mieux comme ça.

Comme c'est l'été et que la vie est bien faite, un vieux shiatsuki normand débarque dans ma vie, officiellement pour soulager mes maux de dos. Ancien menuisier à la retraite il s'est reconverti dans cette méthode thérapeutique avec une extrême habilité et m'impressionne par son aptitude à appuyer là où ça fait mal. Physiquement et mentalement. Le circuit des méridiens parle sans besoin de mots, impossible de le faire taire. Le vieil homme lit mon corps et m'interdit malgré moi d'aller plus loin encore. Je suis fermée à sa douceur mais il ne lâche pas, continue à me parler même quand je ne réponds pas. Chaque séance est bénéfique même si je n'ai pas envie de lui faire plaisir en le lui disant. Il m'a un peu braquée avec ses questions insinuantes.

Le shiatsu est un massage habillé fait de pressions digitales sur les lignes d'énergie du corps, une technique de thérapie manuelle d'origine japonaise inspirée du massage chinois. Elle utilise des pressions verticales qu'on appelle les baro-stimulations sur l'ensemble du corps, réalisées principalement à l'aide des pouces, parfois avec les autres doigts ou les paumes des mains (ce qui est nettement moins douloureux...), avec pour objectif de traiter différents troubles fonctionnels, voire organiques spécifiques, mais également en médecine préventive. Shiatsu de confort pour une détente profonde et durable, shiatsu préventif ou shiatsu thérapeutique, chaque praticien ressent ce dont le patient a besoin.

Dans mon cas, le shiatsu deviendra thérapeutique et sera un allié dans ma vie : à chaque moment de détresse j'appelle désormais Franck G., mon shiatsuki du Tigre, qui appuie toujours là où ça fait mal pour me faire du bien. Le soir de l'enterrement de Maman, c'est lui qui débarque à la maison en mode-pompier. Quand je sens que je lâche prise, quand surgissent les doutes sur qui je suis, c'est lui qui débarque encore et, entre deux points d'acupressions qui font mal, me glisse habilement de m'écrire à moi-même… Quand la peur de mes vieilles addictions ressurgit, une envie irrépressible de retrouver le plaisir du vide intérieur, il est toujours là pour faire circuler l'énergie et les mauvaises pensées, pour réconcilier les différents moi. Sérénité. En clair, j'adore le shiatsu, il fait partie de ma vie.

Août 2010 – Étiopathie

Crise aiguë. Retour d'un week-end de fin d'été à Porquerolles, je peux à peine marcher. Un nerf est coincé dans le bas de mon dos mais personne ne peut me dire lequel ni surtout activer le mode déblocage. Soulever mon fils de 18 mois hors de son lit à barreaux est un calvaire d'amour, monter et descendre de voiture une humiliation égotiste, je ne parle même pas de faire une quelconque posture de yoga.

Ma tête va mieux, au diapason de mon cœur qui vit enfin son bonheur apaisé, irradiant son monde de joie, mais mon corps dit merde.

Nous vivons une joyeuse période de rentrée et de dîners mondains qui se transforment tous en chapelets de douleurs. J'explore. Kinésithérapeutes, ostéopathes, médecins, scanners, je vais jusqu'à l'hospitalisation et la ponction lombaire (ceux qui ont connu comprendront…). Rien ne s'éclaire et la flexibilité de ma colonne se réduit au fil des semaines jusqu'à ne plus pouvoir toucher mes pieds jambes tendues. Confrontation sévère à mon ego, comédie permanente de Madame Bonheur-Parfait.

Je rencontre alors Bruno D., un étiopathe rustre – mais sexy – qui enseigne et soigne quelques cas compliqués recommandés par ses élèves. Mon kiné me le présente comme un sauveur, il le sera, mais à quel prix. Je pleure de douleur pendant certaines séances, mais au bout de huit, peut-être dix, il finit par trouver, m'engueuler, et gagner. Je porterai à vie cette douleur, mais je saurai désormais m'en dépêtrer plus ou moins toute seule. L'anorexie post-grossesse a abimé beaucoup de choses, en particulier les ligaments internes de mon bas-ventre (on ne cherchait pas du bon côté) reliés *via* le psoas – si j'ai bien retenu – à la colonne. Bref. Ça fait mal, mais il faudra vivre avec. Je n'avais qu'à pas vouloir être maigre. Stigmate d'ego.

L'étiopathie est une remarquable méthode thérapeutique née en France, reconnue depuis peu par l'univers médical. Proche de l'ostéopathie et de la chiropratique, cette thérapie manuelle s'inscrit dans la tradition des rebouteux mais est distinguable par un raisonnement du corps plus global.

Quand les diagnostics classiques s'attachent à la partie du corps où siège la souffrance, le trouble ou, comme dans mon cas, l'invalidité dont une batterie d'examens ne permet pas d'établir analytiquement l'origine précise, le raisonnement étiopathique va lui au-delà de la seule partie atteinte, et permet d'identifier l'origine de la perturbation et de comprendre ce qui l'a causée.

Cette analyse causale est possible parce que le corps humain est appréhendé et étudié comme un ensemble de systèmes et de sous-systèmes en interaction permanente, à la fois entre eux et avec le milieu qui les entoure. C'est ce qu'on appelle l'approche systémique du corps humain.

Le traitement de l'étiopathe consiste ainsi à permettre au corps de retrouver son activité normale, par une ou plusieurs interventions manuelles précises visant à supprimer en profondeur la cause du dysfonctionnement. Je m'incline, ça m'a sauvée.

Août 2016 – Sylvothérapie et Spinoza

Pour mon anniversaire j'ai demandé à mes copains qui cherchaient un cadeau commun de m'offrir des arbres. Je suis encore dans une phase post-départ de Maman qui m'a conduite à observer avec effroi l'immensité de ses placards remplis de myriades de sacs, vêtements et bijoux... inutiles face à la vie. Alors à quoi bon continuer à creuser le sillon de la surconsommation – très prépondérante, il faut bien l'avouer, dans notre éducation.

Direction le pépiniériste, je choisis trois arbres et malgré les doutes affichés du charmant homme-des-bois qui me rappelle qu'on ne plante pas en pleine chaleur d'août, je n'en fais qu'à ma tête et attaque à la bêche la microparcelle de terrain que je me suis auto-attribuée dans notre jardin normand.

Mes enfants sont euphoriques de planter des arbres avec moi, je ne m'attendais pas à un tel débordement de joie de leur part, mais en fait si. Symboliquement ne pourrait-on pas y lire une décision d'ancrer mes racines dans la terre normande, scellant une mise au rebut (temporaire...) de mes années de détachement, de liberté ? À ce moment j'y crois sincèrement et ressens une immense gratitude de pouvoir leur transmettre avec autant de joie et de spontanéité ma passion de la nature. Se mettre au vert, embrasser les arbres, se balader en forêt...

Le « shinrin-yoku », ou « bain de forêt », est simple : chaque arbre transformant l'oxyde de carbone en oxygène chargé d'ions négatifs, ces fameuses vitamines aériennes, tout contact avec un arbre facilite la dilatation des vaisseaux sanguins, améliore l'oxygénation naturelle des tissus et aide à lutter contre le stress. Pas besoin de croire, il suffit de savoir. Embrasser un arbre c'est s'offrir un shot de vitalité naturelle et abondante.

J'ai le sentiment naïf qu'offrir à mes enfants cette connexion gratuite et sincère à la nature les protégera toute leur vie, comme une couche de religion. Les oreilles et narines ouvertes, ils apprendront à ne pas avancer dans la vie comme des robots. Idriss Aberkane, dans *Libérez votre cerveau* nous donne une clé d'éducation intéressante : le cerveau tourne au maximum dans deux confrontations : le jeu et la nature. Adaptés à la multisensorialité de la nature, nos neurones sont ainsi au pic de leur capacité de perception quand ils sont invités à se plonger dans cette nature. Voilà pourquoi on doit s'y baigner beaucoup et souvent, en imaginant idéalement pour les enfants un apprentissage de la nature à travers le jeu. En ouvrant nos portes sensorielles, les arbres nous aident à mieux habiter notre corps.

« La nature est aussi bien adaptée à notre faiblesse qu'à notre force. »

Walden

Par hasard je lis *Le Problème Spinoza* d'Irvin Yalom cet été-là. Romancé, cet ouvrage à succès éclaire particulièrement bien les grandes lignes de la vie et de l'œuvre de celui qui est à nouveau considéré comme une influence majeure de la pensée moderne, que j'avais lu trop jeune et immature pour saisir toute la force de sa pensée. On n'a jamais autant parlé de lui qu'à l'heure où je vous écris !

Baruch Spinoza était un philosophe néerlandais du XVIIe siècle, pionnier de la révolution scientifique et « casseur » des codes religieux de son époque. Bien qu'ayant étudié le Talmud et grand nombre de philosophes pour comprendre avant de choisir, il rejeta toute idée de transcendance divine « incarnée » et fut exclu de sa communauté juive pour hérésie. Ce bannissement à vie l'empêcha de jamais revoir sa famille. Sa pensée principale, celle qui justifie que je parle aujourd'hui de lui, repose sur les lois harmonieuses de la nature, seule forme de déité acceptable selon lui. Héros d'Einstein et de nombreux scientifiques et philosophes contemporains, il a structuré une pensée athée autour de ce postulat : Dieu est Nature. Une seule substance, absolument infinie, essence fondamentale de toute chose. Sans prosélytisme, je dirai simplement que je m'y retrouve plus qu'en n'importe quelle doctrine religieuse. Son exhortation à se connaître soi-même pour trouver le divin en chacun de nous est une ligne de conduite majeure proche de la pensée védique des Indiens qui m'encourage à poursuivre mon exploration personnelle.

Août 2017 – 40 ans

Drôle d'été. Le ciel est à mon image, ou moi à la sienne, une suite d'alternances d'humeurs ambiguës. Je suis brûlée par une envie de fuir, de changer de vie, d'envoyer tout balader, mais aussi par celle de partager, d'aider, de soigner, oserais-je le dire, de guérir. De déconstruire et reconstruire sur des fondations plus vraies, une architecture plus personnelle, une charpente plus solide.

Je me révolte intérieurement contre la lucidité de ma situation : avec le mariage, l'achat d'un appartement, la vie sociale, la vie à deux, la vie à quatre, les mailles du filet se sont resserrées depuis le printemps… J'ai le sentiment d'étouffer quand je me réveille, l'attache est serrée trop court, j'ai besoin de prendre du large. Je fête mon anniversaire à la montagne, je marche, j'escalade, je grimpe, je rêve, j'inspire pour reprendre de l'air frais… Je vais au bout de *La Vie secrète des arbres* et puise dans chaque ligne l'oxygène de ces arbres que j'aime tant. Je suis fausse du réveil au coucher et je n'ai aucun secours pour cacher ce mal-être de la quarantaine. C'est tristement banal et déstabilisant.

Dans le documentaire qui lui est consacré, *La Thérapie du bonheur*, Irvin Yalom exprime à plusieurs reprises l'importance de se connaître soi-même, une assertion répétée encore et encore, et qui résonne. Parce que Yalom « écrit comme un ange sur les démons qui nous harcèlent », parce que j'ai compris que je n'avais certes plus besoin de thérapie – enfin je crois –, mais que l'exploration ne faisait que commencer à 40 ans, avec une vision plus juste, une acuité plus vive. Le soir de mon anniversaire je pense à Maman. Qu'aurait-elle pensé de tout ça ? « Comprendre nos parents qui ont eux-mêmes eu à affronter des parents permet de briser le cercle », dit Yalom. Elle a aimé, elle a quitté. Plusieurs fois. Vais-je reproduire l'histoire, aussi simplement que ça ?

La conscience de soi engendre une forme d'angoisse. « La fusion éradique l'angoisse en éliminant la conscience de soi puisque l'amour fusionnel dissout le Je au profit du Nous, c'est un des grands paradoxes de l'amour. » Mais moi je n'aime plus. Je dois arrêter de me mentir et de mentir à tous. Alors j'angoisse. C'est comme ça.

L'amour romantique se construit dans le mystère et se désagrège dans l'investigation. J'ai sans doute trop investigué… ou été trop investiguée, à n'en pas douter, mais pour d'autres quêtes ! Comment en aurait-il été autrement, dès lors que je faisais le choix de cheminer vers une forme de vérité, la mienne ? Comment aurais-je pu vivre passivement sans me poser de questions, sans chercher à passer ma moitié au même crible que moi ? Au risque d'ouvrir les yeux sur une personnalité autre que celle qui m'avait tant fait rêver… Chaque découverte supplémentaire est une porte ouverte sur l'inconnu, je m'accorde encore un peu de temps pour l'affronter. Mais combien de temps ?… Ces faux-semblants sont chaque matin et chaque nuit une équation de plus en plus épineuse.

« S'il existe un chemin vers le meilleur il exige un regard attentif sur le pire. »

Thomas Hardy

Les futures conséquences d'une inexorable décision me terrorisent. 2018, année 2. Déconstruction… reconstruction ?

Je cherche ma voie du milieu, mon chemin d'équilibre sur un fil d'équilibriste, je cherche l'unité dans ma dualité. On me voit comme une chef d'entreprise pragmatique carriériste voire opportuniste, parfois on m'interprète comme une sympathique éthérée moitié sorcière bobo, moitié illuminée urbaine. Et d'ailleurs, pendant longtemps, je cherchais à incarner l'un ou l'autre de ces personnages parce que je n'assumais pas d'être pleinement et sereinement les deux. Cette dichotomie est moi. Altruiste et businesswoman. Entrepreneuse et bohème. Profondément yogini mais automobiliste assumée parce que c'est plus confortable que mes pieds ou le métro (et que je ne sais pas réparer la roue crevée de mon vélo)… Voyageant en avion mais incapable de jeter un carton hors d'une poubelle de tri… Pas par posture, pas par mode, pas par coquetterie, mais par nature profonde. Ancrée mais éthérée. Solaire et lunaire. Très yin et très yang.

Dans mes discussions intérieures, j'arbitre face à moi-même et décide qu'à la morale collective je peux préférer une éthique personnelle, une éthique d'inspiration spinozienne, justement, construite sur l'expérimentation de ce qui m'apporte la joie ou la tristesse. Est-ce égoïste ? Je suis égocentrique comme beaucoup de Lions, peut-être nombriliste, mais là tout de suite j'en ai besoin. J'érige à travers une codification émotionnelle sur mesure mon schéma de valeurs. Non pas pour me déculpabiliser mais pour me réconforter, pour me créer un cadre de réassurance, de sécurité intérieure. Je dis souvent à mes élèves que la posture doit s'adapter au corps, et non le corps à la posture. Je le dis aussi dans les entretiens de recrutement : le poste doit s'adapter au talent, pas le talent au poste. Il doit s'opérer une fidélité objective à soi-même, une honnêteté pour soi et pour l'autre.

Alors, dans ce passage compliqué de ma vie, je ne cherche plus à faire le bien selon le regard des autres, mais le bon selon mon propre regard. Pas contre l'intérêt des autres mais contre l'universalisme de codes moraux qui ne me conviennent pas, m'empêchent de m'aimer telle que je crois être dans ma nature profonde, dans mes constructions, dans mon ADN. L'ambivalence que je dégage est le résultat de cette construction non archétypale, et à 40 ans il est grand temps de l'assumer pleinement.

Je retrouve un passage de *Macbeth* : « *La vie est une ombre qui passe, un pauvre acteur qui se pavane et s'agite durant son heure sur la scène et qu'ensuite on n'entend plus.* » Tout disparaît, vraiment tout, nous ne disposons que d'un instant de soleil, précieux et béni. *Carpe diem.*

Août 2018 – Vision Board

Le guru américain Ram Dass dit que la souffrance est spirituellement le papier de verre qui éveille les gens, qu'il est donc paradoxal de vouloir retirer les souffrances d'autrui alors qu'elles sont un véhicule d'éveil, une porte sur le chemin de la connaissance de soi.

Moi, mon angle mort, ou ma porte d'éveil, c'est mon dos. Je ne le vois jamais venir, il fait comme si tout allait bien et sournoisement il attaque. Et comme bien sûr je ne suis jamais en position de défense, ça fait mal.

Depuis des semaines, je n'ose pas dire des mois, il me martyrise. Au point de devoir m'accommoder de béquilles certains jours – un excellent outil promotionnel pour le Tigre... J'ai songé à m'inventer une vieille cheville cassée dans un exercice d'escalade périlleux, presque crédible quand on connaît mes lubies de post-adolescente attardée, mais je n'en ai même pas eu envie. Je suis fatiguée, et je ne suis finalement et éternellement que moi-même : une fausse cool qui a du mal à lâcher prise (*dixit* ma meilleure amie), une contrôle freak qui porte ses émotions en sac à dos. Côté face c'est nickel, tout sourire, côté pile ça bloque.

En cette belle fin d'été, je suis sur mes gardes : j'étais aux urgences la semaine dernière et je sais qu'une posture mal installée peut être fatale. J'ai dû annuler un voyage au Canada dont je rêvais la veille du départ. Pas de Festival Wanderlust sur les lacs des Laurentides pour moi cette année. Je pars quand même en Happy Yoga Retreat à Ramatuelle où je pratique trois heures par jour. Mais tout doux, sans ego et avec brique (les blocs en liège des apprentis yogis que je refuse toujours d'utiliser sauf comme siège sous mes fesses). Je prends le temps de chaque mouvement, très précautionneusement, laissant mon ego de côté pour ne pas aller là où j'aimerais et devrais « normalement » aller dans chaque posture.

Cette retraite a été construite sur le thème « Design your Life… Revenir à son essentiel », avec une alternance de temps de méditation, de jivamukti yoga, de randonnées et de life coaching… Notre prof Sophia M., que j'adore, nous invite à poser trois questions sur notre cahier selon une méthode éprouvée : BURN SUSTAIN IGNITE.

Questions

1. De quoi n'ai-je plus besoin, de quoi dois-je me débarrasser ?
2. Qu'est-ce qui existe déjà dans ma vie que j'aimerais alimenter et faire grandir ?
3. Que puis-je initier sur mon chemin pour avancer dans cette direction à partir d'aujourd'hui ?

Réponses

1. De mes douleurs et de mes colères : comme une évidence, je décide qu'elles ne sont plus moi, que je dois cesser de m'identifier à elles comme je le fais depuis des mois, les cristallisant à mon insu dans la roche de mon quotidien, comme des compagnes de route dont je ne peux plus me défaire. Chaque colère, chaque ressentiment est inutile, stérile, et ne fait souffrir que moi. Le passé est dissous et l'avenir est clair mais il se ternira si je n'abandonne pas en chemin ce sac de linge sale. Colères = douleurs = poubelle.
2. Love love love… Sous toutes ses formes !
3. Le lâcher-prise, une technique révolutionnaire dont je parle beaucoup aux autres mais dont j'ai découvert la semaine dernière, à travers les mots doux et précautionneux de mon cousin-que-j'aime, que je ne l'applique jamais à moi-même.

La pratique roule, les réponses défilent en boucle, au son des mantras, et c'est de plus en plus évident, comme un nouveau socle qui se construit pierre sur pierre : je suis guérie dans mon cœur et dans mon corps.

Forts de nos réponses, méditées et intériorisées, Sophia nous invite à construire un « vision board », ou panneau de visualisation, un outil idéal, précise-t-elle, pour accompagner la mise en œuvre d'objectifs.

De manière simple, le tableau de visualisation est un collage réalisé à partir de découpages d'images, de photos, de dessins de notre choix pour nous aider à visualiser nos objectifs de 6 à 12 mois et leurs leviers de mise en œuvre. Tout en étant assez ludique et détendante, la

réalisation du panneau nous amène dans une projection de nos projets, de nos rêves ou de nos buts et objectifs à court et moyen terme.
Plusieurs domaines de vie peuvent être explorés, et il est recommandé d'en choisir trois parmi ceux-ci : vie personnelle et affective, vie de famille et enfants, vie professionnelle, santé, soin et attention à soi-même, maison/habitation, éducation, formation... Dans chacun de ces domaines de vie, le tableau va nous aider à visualiser nos buts de manière simple et pratique.

À travers les images, sans vraiment le faire intentionnellement, j'appelle à moi une immense douceur, une sécurité, un apaisement. D'autres appellent une lumière, d'autres encore du courage. Chaque panneau exprime des forces et des faiblesses, des attentes et des envies. Douceur du cocon, il y a urgence pour moi à trouver un nouvel appartement, un nid qui sera le mien et celui de mes deux oisillons, sans avoir de compte à rendre à quiconque. Je rentre à Paris formidablement forte de cette expérience, mon vision board roulé dans mon sac : c'est un nouvel outil de projection dans ma tête, à garder précieusement. Et bizarrement j'ai moins mal au dos.

Septembre

Septembre 2013 – Alma

À la naissance de ma fille un lien charnel d'une puissance infinie me traverse. Elle est moi, je suis elle, une symbiose animale nous unit, étroite transmission entre deux organismes complexes. Je ne supporte pas que quiconque la prenne dans ses bras, à peine ma mère, encore moins sa nounou, et je sens des bouffées de haine animale contre chaque visiteur bienveillant qui me susurre « je peux la prendre ? ». Je pourrais mordre. Incapable de la lâcher, de ne pas sentir sa peau, j'organise ma nouvelle vie et mon chantier du Tigre – qui s'apprête à voir le jour – en fonction d'elle et de mes montées de lait. Elle deviendra mon enfant sauvage, cette petite fille sans peurs ni limites sur laquelle personne n'a de prise, elle incarne une liberté que j'ai rarement rencontrée chez des enfants, que j'admire, elle est tendre et dure, facétieuse et entêtée, rebelle et ultra-girly. Une petite Punky Brooster parisienne pour ceux qui s'en souviennent…

Je me sens bizarrement blindée pour affronter la dernière ligne droite vers l'ouverture du Tigre. Mon incroyable famille se met en armée derrière moi, aucun ne manque à l'appel pour me soutenir dans cette aventure humaniste et folle, irraisonnable et déstructurée, idéaliste et entrepreneuriale.

Comme je me suis entêtée à créer un lieu de vie et non un simple studio de yoga, je refuse de mettre « en option » les activités connexes et n'écoute aucun conseil. Le Tigre, ce sera tout ça, sans discussion : cours de tout, collectifs et privés, restauration, massages, boutique lifestyle, cycles de conférences, naturopathie, life coaching, cosméto bio, librairie et j'en passe. Tout en admettant que je n'ai jamais mis les pieds derrière un comptoir de magasin, jamais pénétré l'antre d'une cuisine de bar ou de resto, jamais perçu un seul encaissement de ma vie. Mais pourquoi serait-ce un obstacle ? J'illustre la force de la pensée positive, même si mon GPS interne m'alerte sur les doutes qui m'entourent, les regards de biais qui oscillent entre inquiétude et condescendance, les conseils raisonnés murmurés à voix inaudible… Vaille que vaille, je fais des to-do listes du soir au matin et distribue les tâches quand je ne les exécute pas moi-même entre deux tétées (je déteste ce mot mais je n'en ai pas trouvé d'autres). L'organisation taylorienne du réseau familial élargi est exemplaire et mériterait un livre à elle-seule (si vous me lisez : MERCI !). Je liste les achats à faire le soir, après avoir couché les enfants, ma belle-mère super-couche-tard fait les sélections correspondantes sur Le Bon Coin (dont j'aurais pu être carte platinum), je fais le tri et les règlements pendant l'allaitement de 4 heures du mat pour envoyer à mes frères, avant de dormir quelques heures, le tableau complété des achats à récupérer aux quatre coins de l'Île-de-France, que ma mère et ses sœurs réceptionneront dans la journée pour les installer et re-lister ce qu'il manque encore… Qui dit mieux ? Sans trop y croire, on ouvrira le jour J !

Septembre 2016 – Vinyasa yoga

Ou plutôt les bolsters. Je n'ai plus de doute : je suis légitime, je vais donc enseigner. Après les derniers mois trop chargés émotionnellement, je vais suivre Patrick F. les yeux fermés. Patrick est MA vision des valeurs du yoga que je veux partager et diffuser. Il est le professeur qui aura le plus compté dans ma vie de yogi, et Dieu sait combien j'en ai rencontrés et aimés en vingt ans de pratique ! J'aime tout ce qu'il est, comme homme, comme professeur, comme ami. Il est inspirant, généreux, bienveillant et drôle, c'est un extraordinaire pédagogue dans sa manière de partager les techniques autant que les sagesses du yoga. Je veux être lui ! Il est un guide et non une rampe, dans ce sens où il ne nous prend pas seulement par la main mais il nous guide par la voix, par l'humour, par le schéma, l'image, les préceptes, les fables, les règles.

Jour J : je commence ma formation pour devenir enseignante de vinyasa yoga.

Vinyasa est un terme sanskrit qui signifie « synchronisation du mouvement et de la respiration ». Il est également utilisé pour nommer les enchaînements dynamiques de mouvements synchronisés à la respiration qui servent de transition entre les postures classiques de yoga.

Les mouvements du vinyasa yoga sont fluides et presque dansants, et provoquent une élévation de la température interne du corps, donc de la transpiration qui purifie l'intérieur du corps en évacuant les toxines.

Et moi, j'adore le vinyasa. Et j'adore Patrick. Et j'adore apprendre ; redevenir une élève qui ne décide rien et doit juste suivre les instructions me procure un sentiment de joie juvénile indescriptible. Et une relâche hors maison et hors Tigre.

En psychologie, on appelle affordance la partie d'un objet physique qui est la plus naturellement prise par nos mains : le manche de la casserole est son affordance. Les idées aussi ont des affordances dont un bon professeur sait munir les concepts abstraits pour qu'ils soient mieux saisis, pour qu'ils soient plus « neuro-ergonomiques ». La neuro-ergonomie, c'est l'art de bien utiliser le cerveau humain, de distribuer plus efficacement le poids de la connaissance, de l'information et de l'expérience sur notre cerveau, pour un résultat parfois spectaculaire (merci Idriss Aberkane pour cette définition claire et accessible !). Patrick maîtrise cet art, et pour chaque posture « vue de l'intérieur » il sait nous faire ressentir par les images et les gestes justes le pourquoi et le comment de la structure corporelle associée, musculaire et osseuse mais aussi énergétique, voire philosophique.

Chaque pratique est un nettoyage physique, mental, émotionnel… Qui sera surpris que j'y sois addict ? Je n'ai pas le souvenir de l'instant éblouissant de la révélation qui m'a fait « émerger », mais j'ai commencé à changer en profondeur, à me sentir mieux tout simplement. Chaque

Aum, ce mantra partagé pour « ouvrir énergétiquement l'espace de pratique » dans une vibration commune, ce son primordial de l'Univers rassemblant toute la symbolique du panthéon déiste indien, ce Aum ou Ôm résonne en moi au-delà des heures passées sur le tapis. Je suis si heureuse ! Cette formation est dense mais c'est ma bulle d'oxygène. Deux cents heures, c'est long… et c'est court. Je suis diplômée, pas sûre de mon aptitude à enseigner, mais à toutes fins utiles j'ai mon joli papier.

LECTURE : *LE RAMAYANA*, UNE HISTOIRE D'AMOUR ÉPIQUE ET PHILOSOPHIQUE SANS CADRE SPATIOTEMPOREL… À LIRE ET À RELIRE ENCORE POUR TOUS CEUX QUI VEULENT COMPRENDRE LA MAGIE DE LA CULTURE INDIENNE.

Septembre 2017 – École et escalade

Pourquoi la perspective d'entrer dans une cour d'école, inconnue ou non, est-elle une épreuve si inhumaine ? Affronter le regard des parents qui ont l'air d'être là comme dans leur salon, devoir trouver la classe, tirer sur mes manches pour cacher mes tatouages, ouvrir le cartable et découvrir que j'ai évidemment oublié une partie de la liste des fournitures malgré une quadruple vérification, sans oublier les douze formulaires administratifs dans lesquels chaque case a semé hier soir un doute en moi et dont je n'ai évidemment pas compris à qui ils étaient destinés, regarder la perfection des coupes de cheveux assorties aux doudounes de nos futurs (ou pas) camarades de classe, me sentir encore plus différente et décalée que l'année dernière et l'année d'avant… tout m'angoisse ! Alors là, dans cette nouvelle école, pourtant petite et délicieusement accueillante, j'attends la sonnerie stridente de l'appel à monter et m'accroche à la main de mon Jules comme s'il était la bouée qui allait m'aider à surmonter cette épreuve… Qui est l'adulte, qui est l'enfant… ? Nous restons enlacés dans un petit coin de la cour, serrés l'un contre l'autre face aux autres, silencieux dans l'agitation générale, gorges nouées, mains moites, nul ne saurait dire lequel de nous deux va commencer une nouvelle vie dans une nouvelle classe dans quelques minutes… Nous montons ensemble les deux étages conduisant vers l'échafaud, j'ai les yeux qui piquent quand je souris bouche fermée à la nouvelle maîtresse, je n'ose prononcer un mot de peur de libérer le torrent. Mon Jules, mon bébé, mon amour si courageux me dit bravement « à ce soir Maman, je t'aime »… et je sais, je sais qu'il a peur, je sais qu'il est seul au monde, je sais qu'une fois de plus il va lutter pour se faire aimer, pour se faire des copains qui ne voudront pas de lui parce qu'il n'y arrive pas tout simplement, je sais qu'il sait que je sais tout ça mais il me protège de son sourire forcé, de sa maturité inouïe, de son intelligence sensible hors du commun. À ce soir mon amour, je viens te chercher à 16 h 30, je t'aime, je suis fière de toi, tout va bien aller. Et voilà. Retour sur le trottoir, me souvenir où j'ai garé la Tigremobile, repartir vers ma vie, vers le tourbillon de la rentrée, arriver tout sourire au Tigre, reprendre le cours normal des choses entre vinyasa et ashtanga, garder ce coin d'enfant solitaire en moi, et patienter jusqu'au goûter dans un sentiment d'altérité profonde avec ce nouvel élève de CM1, ce mini-moi en autre dont je ressens chaque vibration émotionnelle comme si elle émanait de mon propre corps.

La rentrée est passée. Il faut que je grandisse. L'année prochaine je me promets une fois de plus de ne pas vivre le même cauchemar, de mieux m'organiser, d'anticiper dès début juillet, de me coiffer, de laisser le moi incommodant à la maison, d'être plus cool.

Mais pour cette année, on ne s'arrête pas là... Le plus dur est à venir, en tout cas le plus dur dans le monde réel. Dans quelques jours je déménage dans un nouvel appartement, dans quelques jours aussi je pars pour Chamonix, dans quelques jours je suis une alpiniste débutante qui affronte un sommet du Mont-Blanc pour porter ses copines malades, merveilleuses et courageuses, dans quelques jours je change de vie, je le pressens, dans quelques jours quelque chose va basculer, encore. Une évasion salvatrice va s'opérer. Même pas peur.

Chamonix. *Via Torrino.* Comment décrire la charge émotionnelle à chaque pas dans la neige, la lumière, le froid, les regards ? Après ces longs mois à attendre ce moment, à nous guetter les unes les autres pour s'assurer que chacune ira suffisamment bien pour partir parce qu'on n'a plus envie de se quitter, à garder le sourire dans le deuil de celles qui partent trop tôt trop jeunes, nous voilà au refuge, face au sommet posé sous son lenticulaire (j'adore ce mot). Bien sûr les guides nous ont prévenues, le groupe n'a pas la condition physique pour aller au sommet de celui qu'on ne nomme pas, mais un beau challenge nous attend néanmoins, les Aiguilles Marbrées. Je suis collée à Yahel, Sandra, Delphine, Corinne et les autres, mes copines. Humour et tendresse forte nous unissent. Yahel est fragile, elle a failli ne pas partir, j'ai insisté, poussé, c'est ma partenaire de cordée depuis juillet, je ne voulais pas monter sans elle. C'est une force de la nature, une marathonienne qui même malade n'a jamais lâché ses baskets. Mais là je me surprends à douter, va-t-elle y arriver ? Et Corinne, si forte mentalement et si faible physiquement ? Trop d'émotions remontent quand j'y repense, et nos larmes en haut du sommet, quand après des heures à marcher, à éviter les crevasses, et à se surveiller mutuellement, à transpirer, à grelotter, à s'encourager, à ne pas lâcher, quand enfin épuisées nous sommes arrivées en haut et que, sans pouvoir parler, nous nous sommes embrassées, serrées… ces larmes sont inracontables, trop proches, pas encore asséchées. Parce que, depuis, elles sont parties. Avec le même courage.

De retour à Paris nous y revoilà, c'est le chaos. Intérieur et extérieur.

En cette année de « casse » affective et de déconstruction personnelle, j'ai plus que jamais besoin de m'investir pour les autres. Peut-être afin de mettre à bonne distance mes problèmes personnels. Peut-être pour relativiser et oublier, peut-être pour me donner bonne conscience. Sûrement un peu tout ça à la fois. Cet humanisme me pousse, dans la foulée de « Un Sommet de Plus », à m'investir dans l'Institut Rafael, la première maison de l'après-cancer, dont je projette de devenir une des chevilles ouvrières au comité de direction, en charge des recrutements. Partout où, cette année, je peux évangéliser sur les vertus thérapeutiques de « l'art de vie du yoga » et apporter du mieux-être, je réponds présente. Je prends plus que je ne donne, au fond.

LECTURE : *WALDEN*, DE HENRY DAVID THOREAU

Septembre

Thoreau n'est pas un hasard mais un indicateur du chemin dans ma vie. Sa *Philosophie de la nature* en dehors des cercles d'intellectuels poussiéreux fait sens. Il nous offre cette exhortation dont j'aimerais le remercier chaque jour : « *Vivre la vie qu'on a imaginée. Aller dans la direction de ses rêves, ne pas être infidèle aux promesses que nous nous sommes faites dans notre adolescence.* »

Thoreau écrit cette extraordinaire leçon qui résonne et raisonne en moi, comme si son message m'était personnellement destiné en cette période de changement de vie :

« *Si l'on avance avec confiance dans la direction de ses rêves, si l'on essaie de vivre la vie qu'on a imaginée, on sera payé d'un succès inattendu en temps ordinaire. On laissera certaines choses en arrière, on franchira une frontière invisible ; [...] et l'on vivra avec la liberté dont jouissent des êtres plus élevés. À mesure que l'on simplifie sa vie, les lois de l'univers sembleront moins complexes, et la solitude ne sera pas solitude, ni la pauvreté pauvreté, ni la faiblesse faiblesse. Si vous avez bâti des châteaux en l'air, votre travail n'en sera pas forcément perdu : c'est bien là qu'ils doivent être. Maintenant il n'y a plus qu'à placer les fondations en dessous.* »

Octobre

Octobre 2012 – Marche d'automne

La connexion aux arbres a un effet maïeutique immédiat sur moi. La sylvothérapie, ce fameux bain de forêt que je chéris depuis l'enfance, libère la parole. Plonger dans la nature, enlacer un arbre, respirer… Depuis que le professeur japonais Miyazaki a démontré scientifiquement les bénéfices du shinrin-yoku sur l'esprit et le corps, des milliers de thérapeutes se sont approprié cette méthode pour recevoir des citadins stressés dans des sessions d'immersion en pleine forêt où les cinq sens sont sollicités.

Avez-vous remarqué qu'il suffit parfois d'aller marcher quelques heures dans la nature pour aller mieux ? comme si on prenait confiance en quelque chose de plus grand que nous, à la fois protecteur et lumineux ? C'est un sentiment très puissant, comme une prise de conscience d'habiter le monde, d'être un morceau vivant de cette nature, d'être en harmonie…

L'automne est une saison importante car selon la médecine chinoise, elle représente l'élément métal, symbole d'intériorisation. Or souvent on court partout, c'est la rentrée, on en a par-dessus la tête, il faut redémarrer sur tous les fronts, mais il faudrait au contraire passer tranquillement de l'été vers l'automne en ralentissant le rythme, en privilégiant l'ancrage, la douceur, le calme, en accord avec la lenteur de la nature mouvante. La saison de l'introspection commence, il faudrait accepter de faire des pauses, de ralentir pour observer les couleurs, sentir les odeurs, écouter les bruits. La balade en forêt de l'automne que nous chérissons tous est un acte de pleine conscience qu'il faut apprécier avec un émerveillement et un contentement immenses pour se vivifier, se nourrir, se régénérer. C'est une étape de préparation à l'entrée dans l'hiver incontournable pour s'éviter les coups de blues de l'automne et mieux résister à la diminution progressive de la lumière…

Dans cette lumière d'automne normand je suis la preuve vivante que l'échappée introspective porte réellement ses fruits quand on sait les cueillir, moi la Parisienne urbaine déconnectée de ses propres sens et souvent de son propre corps ! Pourquoi à cet instant précis une révélation s'est-elle faite ?… Je m'entends faire la confidence au père de mes enfants de mon envie de créer le Tigre (qui bien sûr n'en porte pas encore le nom), de ma vision d'une maison dédiée à l'art du yoga où il ferait bon vivre, se poser, se « pauser », créer du lien avec soi pour mieux comprendre les autres, une maison ultra-cocoon et colorée pensée pour et par des amis, une maison qui n'a pas encore de nom ce jour-là mais a déjà sa forme. Et si c'était ma voie ?

Mon conjoint est sceptique, il a confiance en moi, en ma capacité de travail et de ralliement à mes enthousiasmes, mais il raille avec justesse mes lubies passionnelles et éphémères. Il a gardé cette image de moi, construite lors de notre rencontre, d'une jolie parisienne faussement bobo routarde, accrochée à son confort aisé et à sa luxueuse hygiène. Une image qui n'est ni fausse ni vraie...

Aurai-je le courage d'aller au bout, d'abandonner ma carrière sur-ses-rails, les avantages matériels, la reconnaissance, l'assurance de ne pas avoir à me poser de question pour avancer plus vite et plus loin...

> *« Le désarmement extérieur passe par le désarmement intérieur. Le seul vrai garant de la paix est en soi. »*

Les mots du Dalaï-Lama résonnent.

LECTURE : *LE CYGNE NOIR, LA PUISSANCE DE L'IMPRÉVISIBLE*, DE NASSIM NICHOLAS TALED

« Dans les examens de ma vraie vie, quelqu'un vous donne une réponse et c'est à vous de trouver la question. »

Et bien j'y suis, à moi de comprendre la question de cette épineuse réponse : je dois changer de vie, mais pourquoi ?

Octobre 2014 – Accords toltèques

Je suis coincée entre les griffes du Tigre. Je me laisse submerger par un schéma schizophrénique : envie de partager toujours mieux, besoin de rentabiliser toujours plus.

Et au milieu ? Je nage difficilement à contre-courant… Comment offrir à tous les vertus du yoga ? S'il m'a sauvée, il peut sauver tout un chacun, mais comment leur dire, comment les convaincre, comment les amener sur cette voie de découverte de soi ? Comment les aider à combattre le risque de séparation du corps et de l'esprit ? Je voudrais leur offrir l'expérience, à toutes et tous, pour qu'aucun frein financier n'entrave la possibilité d'embrasser l'art de vivre du yoga, mais… Comment résoudre l'inextricable inéquation financière qui m'oblige à endosser la cape de businesswoman propriétaire du studio de yoga le plus hype de la capitale, étiqueté « cher », alors que je voudrais ne faire que du charity-business ?? Arghhhh…

LECTURE (SALVATRICE ?) : *LES 4 ACCORDS TOLTÈQUES*, DE DON MIGUEL RUIZ

1. Que votre parole soit impeccable

Parlez avec intégrité, ne dites que ce que vous pensez, n'utilisez pas la parole contre vous-même, ni pour médire d'autrui.

2. Quoi qu'il arrive, n'en faites jamais une affaire personnelle

Ce que les autres disent et font n'est qu'une projection de leur propre réalité à l'instant donné, de leur rêve. Lorsque vous êtes immunisé contre cela, vous n'êtes plus victime de souffrances inutiles.

3. Ne faites aucune supposition
Ayez le courage de poser des questions et d'exprimer vos vrais désirs. Communiquez clairement avec les autres pour éviter tristesse, malentendus et drames. À lui seul cet accord peut transformer une vie.
4. Faites toujours de votre mieux
Votre « mieux » change d'instant en instant. Quelles que soient les circonstances, faites simplement de votre mieux et vous éviterez de vous juger, de vous culpabiliser et d'avoir des regrets.

Ce livre est un miracle que je mouline jour et nuit… Je sais bien que je suis la cible de critiques – sur les réseaux sociaux mais pas seulement –, remarques jalouses ou reproches objectifs… C'est de bonne guerre, je suis sous le feu microcosmique d'une remise en question de ma sincérité, de mes valeurs… J'ai ouvert le Tigre depuis neuf mois et j'ai plus de couverture médiatique que tous les studios parisiens réunis en plusieurs années. Et comme la vie sociale crée des structures d'incarcération dans lesquelles nous finissons par emprisonner nos propres schémas de pensée, je me remets moi-même en question ! Encore ! Suis-je intègre dans ce que je vends, suis-je légitime dans ce que je raconte, ne suis-je pas qu'un pur produit marketing ? Suis-je dans le respect des valeurs du yoga ?…

Comment en suis-je arrivée là ? Tout allait si bien ! En optant pour la fameuse « sortie de sa zone de confort », j'ai essayé maladroitement de bouger les lignes, pour reprendre pompeusement les mots du génial Michel Onfray, de « casser l'industrialisation des idées vers la créativité libertaire »… Sans courage, on s'appauvrit, on appauvrit aussi ses rêves, ses fantasmes, ses réalisations… et c'est tragique ! Courage…

Alors oui, je porte des clichés codifiés et sans doute critiquables, mais chacun part de là où il est, quand et comme il peut, à l'heure de sa prise de conscience ! Dans le jeu de je-franchis-la-ligne-jaune, aucune règle n'a édicté la situation sociale, financière, matérielle ou spirituelle dans laquelle on doit se trouver au moment du départ ! Ni le rythme de l'éventuelle traversée d'une zone tampon. Ni les allers-retours hypocrites ou incongrus dont l'esprit pourra sans doute avoir besoin pour se sécuriser dans ce nouvel état, palier par palier. Qu'on me présente celui ou celle qui aurait édicté cette grille, j'adorerais entrer dans des cases pour cesser d'être sous le joug du jugement des bien-pensants… #bienveillance #nonjugement

Octobre 2016 – *Zen, un jeu d'enfant*

Pourquoi ce livre ? Parce que j'avais l'intime conviction que dans notre contexte sociétal sur-digitalisé les nouvelles générations ont de forts besoins de pacification émotionnelle et de stabilisation attentionnelle.

Parce que je suis habitée par la mission d'évangélisation du yoga et de la méditation auprès des jeunes générations qui y découvriront, j'espère, des clés pour trouver l'écoute intérieure, le calme.

Parce que je crois que l'éducation est avant tout un état d'esprit, une responsabilité de transmission entre deux individus qui ne sont pas dans la même temporalité, le parent et l'enfant, créant ce fameux lien générationnel du passé vers le présent, du présent vers le futur, et que cultiver à deux l'instant présent ouvre un champ de langage commun extrêmement productif.

Enfin parce que l'obsédée de la liberté que je suis y voit la clé de l'apprentissage, et qu'il est impératif de préserver dans l'éducation des enfants leur capacité d'invention, de critique, de jugement, voire de douce révolte pour qu'ils puissent réinterpréter et se réapproprier les enseignements.

« La tradition ce n'est pas vénérer les cendres, c'est transmettre le feu » : j'adore cette phrase de Gustav Mahler, mon compositeur favori (ma fille Alma tient son prénom de sa femme).

Forte de toutes ces idées, et comme je n'avais rien à faire à part ouvrir deux nouveaux Tigre, j'ai dit oui à la proposition de Ryma B. l'éditrice qui a changé un bout de ma vie. Merci Flammarion !

Ainsi est né mon premier livre, *Zen, un jeu d'enfant*, d'une envie de partager le yoga comme un art de vivre et de transmettre, interprétant avec humour, créativité et pédagogie les plus belles postures et techniques de relaxation d'un yoga accessible à tous, aujourd'hui reconnu pour ses innombrables vertus sur les enfants, tant sur les plans physique et physiologique que sur le plan mental.

L'éveil au yoga que nous avons proposé sans aucun dogmatisme avec ma complice Lise Bilien se décline dans le livre par âges, en séances toniques ou calmes, imagées, ludiques et faciles à mémoriser grâce aux illustrations de la talentueuse Soledad. Nous nous sommes régalées à l'écrire, dans une période qui n'était pourtant pas joyeuse puisque j'étais tous les jours à l'hôpital aux côtés de

Maman et de mon beau-père (#fuckingcancer) mais nos séances d'écriture étaient mes bulles d'oxygène à moi.

Nous avons ri, pleuré, creusé, expérimenté, analysé, lu et relu, mélangeant à nos intuitions une multitude de trucs et astuces de mamans actives et super-healthy tirés, entre autres, de l'énergétique orientale. L'humour, la joie, le partage et l'échange n'ont jamais cessé d'être au cœur du projet.

Dans l'intro de la préface qu'il a spontanément accepté d'écrire, Frédéric Lenoir avait déjà tout résumé, pour ma plus grande fierté :

« *À la suite d'Épicure et de Montaigne, qui affirment qu'il n'y a pas d'âge pour commencer à philosopher, parce qu'il n'est jamais trop tôt pour prendre soin de son âme, je dirai qu'il n'y a pas d'âge non plus pour prendre soin de son corps et apprendre à l'harmoniser avec son esprit. C'est ce que permet le yoga, discipline indienne millénaire, véritable art de vivre, qui favorise l'équilibre corporel, émotionnel et psychique. Merveilleuse idée, donc, de proposer ce guide du yoga pour enfants !* »

Et si certains ou certaines doutent, je ne peux m'empêcher de profiter de ces pages pour rappeler les grands principes qui ont motivé notre dynamique d'écriture :

– le yoga est un catalyseur permettant la mise à distance des émotions et des événements, rendue nécessaire aux enfants d'aujourd'hui, tous sursollicités par les écrans ;

– le yoga est un vecteur du bien-être de l'enfant et de la famille parce qu'il incorpore un travail sur le corps, l'esprit, la sagesse, l'énergétique, la relaxation, le sommeil, le mouvement… ;

– le yoga permet une communication non verbale, aide à l'ouverture, à la créativité ;

– le yoga véhicule les valeurs de la vie : partage, respect de la vie, respect de soi, respect d'autrui, création, tolérance…

Pour clore ce chapitre, oserai-je vous dire que j'ai déposé le livre, sous blister, sur la tombe de Maman… parce qu'elle aurait été si fière… et qu'à ma visite suivante il avait disparu ?… Spontanément j'ai espéré qu'il ait été emprunté par une maman ou un enfant de passage à qui, je l'espère, il aura apporté et apporte encore des moments de joie partagée en famille, sur la voie du yoga…

« Le Grand Yoga, c'est de boire, de manger de toucher, de voir, de marcher, de déféquer, d'entendre, de rester silencieux, de parler, de rêver, d'aimer, de s'asseoir, de traverser la rue, de monter dans un bus, de parcourir villes et paysages, regards et sons, beauté et laideur sans jamais être séparé du divin qui est en soi. Aucun yoga n'est supérieur à celui qui ne craint pas de s'immerger dans la réalité. En dehors d'elle, il n'y a nulle trace de l'absolu. »

Tantra, la dimension sacrée de l'érotisme, de Daniel Odier

Octobre 2017 – De Balance à Scorpion

C'est comme si tout ce qui devait être « nettoyé », arraché, tout ce qui n'était pas Juste, devait prendre fin. Le passage de l'ère de la Balance vers l'ère du Scorpion semble nous affecter tous sans distinction (j'avais prévenu :

je crois à l'influence des planètes !). C'est une nouvelle occasion pour moi de tester ma résilience, de chercher l'axe de recentrage sur lequel je dois décider de tourner. Une rupture est nécessairement une mise en danger, un saut dans le vide, une sortie de route. Pourtant c'est une période d'une richesse étonnante si l'on se penche sur sa météo intérieure, si l'on accepte d'écouter attentivement ce qu'il se passe dedans, faisant fi des voix grossières et stériles, des propos parfois ravageurs que chacun ne manquera pas de partager à haute voix dans toute situation chaotique.

Bousculée et chahutée par mon cœur et mon esprit autant que par les aléas de ma famille qui traverse la même tempête à multiples étages, je m'accroche, garde le cap, et envisage le champ des possibles comme l'horizon plus pur et plus large d'un ciel de traîne nettoyé par un orage.

Mes bouées sont ma tante et mon frère, mes complices. Nous surfons tous sur les mêmes vagues dans le même océan sous le même ciel. Ma tante est mon *alter ego*, en mieux. Une tante-sœur-mère-amie, un pilier plus qu'une bouée. Parce qu'elle décide que passé 60 ans elle a droit au bonheur, elle quitte l'homme qui est son mari depuis trente ans. Le 15 octobre. Et quitte Paris pour la Normandie. Mon frère, c'est moi en garçon, parce qu'on se ressemble dans nos aspérités et nos ambiguïtés, parce qu'on se comprend sans mots parfois, parce qu'on est là l'un pour l'autre tout simplement, unis dans un amour inconditionnel… est-ce pour cela que nos karmas se sont alignés sans nous prévenir cette nuit-là ? Il rompt, moi aussi. La même nuit. Le 19 octobre.

Interprétation de la nouvelle lune de 19 octobre 2017 glanée sur un site d'astrologie *a postériori*... Je n'invente rien, voici ce qui s'annonçait... !

« La nouvelle lune à venir va principalement concerner les couples, les associations, les engagements, tout ce qui est légal et contractuel, tout ce qui nous lie aux autres de cette manière. Elle va vous accompagner dans les ruptures, pas forcément les ruptures négatives, mais les ruptures nécessaires, qui font avancer.

« Si vous aviez l'impression qu'une relation vous posait problème depuis quelque temps, il y a de grandes chances pour que la situation évolue car il est temps de vous débloquer, et la conjonction Mercure/Jupiter en Scorpion est sans appel : il ne s'agit plus de se cacher derrière des faux-semblants, des rêveries ou des fantasmes, mais de regarder l'ombre qui se cache dans cet engagement avec un esprit éveillé et avec conscience de la vérité et de la réalité que vous vivez.

« Il peut être possible, et probable même, que le travail ait déjà commencé, et que vous ayez déjà entrepris un nettoyage relationnel et une prise de conscience, car ce climat de rupture se sera déjà manifesté plusieurs jours voire semaines avant cette nouvelle lune. Il est donc logique que la période que vous venez de passer ait sûrement été marquée par une forme d'anxiété, avec beaucoup de choses intériorisées, des peurs qui surgissent... Les situations prêtes à se débloquer sont des situations de longue durée, qui appartiennent à notre passé et dont on s'est peut-être déjà détaché inconsciemment. Ce ne sont en aucun cas de nouveaux problèmes, mais simplement à ce moment-là ils trouvent une voie de libération nouvelle, sous forme de rupture, de discussion, de vérité, de changement...

« Cette rupture pourra être déstabilisante, provoquer une sensation de perte d'équilibre et de sérénité, mais si vous

en êtes à ce point, c'est que la situation s'est trop prolongée, au-delà du supportable, et qu'il est judicieux d'accompagner ce changement plutôt que d'y résister. Il peut être naturel d'avoir peur de l'inconnu mais, avec courage et détermination, cette étape sera libératrice !
« Ainsi, cette nouvelle lune du 19 octobre va vous permettre de cesser de tourner en rond, de répéter les mêmes schémas, et donc vous libérer en vous donnant des nouveaux défis, en osant davantage être vous-même, en vous affirmant, vous amusant, en retrouvant la joie. Oui, car ce dernier mois, vous étiez dans la fatigue, l'anxiété, la peur... Cette nouvelle lune va vous permettre de vous reconnecter à la joie, d'y voir plus clair, de sonder vraiment ce que vous voulez, de vous montrer plus vrai et plus sincère avec vous-même et avec les autres. Acceptez juste d'aller avec le vent, et vers l'avant, à l'écoute de votre vérité intérieure, et de ne plus faire semblant ! »

Lectures :
La Fête de l'insignifiance, de Milan Kundera
Les Chemins noirs, de Sylvain Tesson

Novembre

Novembre 2008 – Jules

Mon fils Jules vient illuminer ma vie ouvre un champ de sentiments jamais ressentis… je l'aime démesurément, je le regarde sans comprendre ce qui m'arrive, j'ai l'impression qu'on m'a implanté un deuxième cœur. C'est inouï et chaque maman comprendra. Il est une deuxième peau sur ma peau, il diffuse à l'extérieur mon odeur intérieure, il porte les émotions que j'avais gardées enfouies, et dans ses pleurs et ses rires c'est tout ce que je n'ai pas exprimé qui trouve une voix. C'est très dur de trouver les mots, en tout cas des mots non ordinaires, pour décrire les premiers jours et les premières semaines d'une maman, surtout solitaire.

Je suis, et reste aujourd'hui, démesurément amoureuse de mon fils. Il est une pépite, un être en or, sans doute un enfant indigo. Il sent les gens, il comprend les choses. Tout ce qu'il deviendra est déjà là, dans ce nouveau-né que je garde des heures sur mon ventre quand il dort pour sentir sa respiration en harmonie avec la mienne.

On dit que pendant les premières semaines de sa vie le nouveau-né ne se sent pas séparé ni de sa mère ni de son entourage, il est dans l'unité indifférenciée. Ces instants sont probablement les plus forts et les plus troublants de notre vie, créant au fond de chacun de nous une certitude inconsciente mais inaliénable d'un possible état d'unité. Intuition pour certains, conviction pour d'autres, chacun dans sa vie cherche à retrouver cet état que Freud appelait « le sentiment océanique », dans l'amour inconditionnel d'un parent, d'un homme ou d'une femme, ou en soi tout simplement.

De mon côté très vite les élans s'affrontent et le chaos renaît, comme une impossibilité de m'accorder avec moi-même, un constant et impétueux combat intérieur. Je me souviens, dans une image très nette, être allée plusieurs fois, habitant alors sur la rive gauche parisienne, dans la chapelle Notre-Dame de la Médaille Miraculeuse, pour prier la Vierge Marie de protéger Jules de tous et surtout de moi. Au cœur de cette chapelle Marie est là, les bras grands ouverts, les mains pleines de grâces, et souvent mes larmes ont coulé dans les prières… j'avais si peur de faire du mal à mon fils, dévorée par mes angoisses et ma quête d'amour inassouvi !

Les semaines passent. Amour non partagé, solitude dans la découverte de ce nouvel élan de vie, blessure d'ego face au rejet… Je me sens seule et je m'accroche à Maman, ma roue de secours, mon panneau indicateur. Je suis tétanisée, je fais semblant de tenir solidement, je suis un grand sourire factice, un bonheur de scène. Jules me transperce déjà de son regard intelligent, comme s'il savait, comme s'il sentait. Difficile de lui jouer la comédie, à lui. Dans quelques semaines commencera le cauchemar.

Je regarde mon corps qui a donné la vie et me mets à le détester violemment, il est la cause de tout. Ne pas aimer son corps est aussi cruel que de l'aimer trop, on l'observe on le juge on le commente, on ne lui laisse aucun répit ni aucun souffle. Ne pas aimer son corps devrait être prohibé, c'est la porte ouverte au mal-être, au non-respect de soi. Une forme de harcèlement moral se met en place à son propre égard quand ce n'est pas du harcèlement physique, ce qui est, tristement, souvent la suite logique. On devrait pouvoir porter plainte contre soi-même pour tout le mal qu'on se fait ! Dans la foulée j'arrête le yoga, j'arrête le sport, je me dégoûte.

Comment tenir suffisamment éloigné le miroir permanent de son propre regard ?

Novembre 2014 – Ayurvéda, pranayama et méditation

À l'occasion d'un stage de yoga et ayurvéda au Maroc, je mets en lumière tout ce que j'ai entendu, parfois mal assimilé ou indûment assemblé, sur les pratiques de l'ayurvéda, science millénaire et intégrative, aujourd'hui extrêmement à la mode et de mieux en mieux marketée, qui se distingue de la médecine allopathique par ses vertus préventives avant d'être curatives.

À la fois sagesse et bon sens, l'ayurvéda, qui signifie littéralement « science de la vie », est, si je résume, un ensemble de bonnes pratiques permettant d'équilibrer chaque nature physiologique en fonction de sa constitution propre. Nous ne supportons pas tous de la même façon certains aliments ou certains climats, nous n'avons pas tous la même appétence pour une épice ou une autre, pour une couleur ou un goût, nous ne développons pas tous la même capacité sensorielle ou organique... Pourquoi ? Parce que chacun porte en lui les énergies qui constituent l'univers, la terre, l'eau, le feu, l'air et l'éther, mais dans des proportions différentes, déterminant des équilibres physiques, mentaux et émotionnels variables d'un individu à un autre. La sagesse de l'ayurvéda consiste à décrypter les grandes lignes de ces constitutions dites doshiques – fonction de nos doshas – et propose des « aménagements » de vie, à la fois alimentaires et hygiéniques, pour respecter notre organisme et le prévenir de toute maladie. C'est simple, c'est naturel, c'est énergétique et holistique, respectueux et rassurant. On adore.

Au retour du stage, les rituels de l'ayurvéda intègrent mon quotidien (déjà matinal) comme une évidence, comme si cette brique avait manqué à mon réveil depuis trente-huit ans, et j'intègre un petit rituel « sweet early morning » très à l'écoute de moi. Au saut du lit, brossage des dents, gratte-langue (si si !), cinq aspersions d'eau glacée sur le visage, un bain de bouche à l'huile de coco pour purifier la bouche, un rapide massage du corps à l'huile (l'abyangar, pour ceux qui connaissent les traitements ayurvédiques) et, une fois propre, une grande tasse d'eau chaude et quelques minutes de méditation si possible face au lever du soleil avant de me mettre au travail.

Boire de l'eau chaude au saut du lit permet de clore le processus d'autonettoyage du corps qui active cette fonction essentielle pendant la nuit, et de booster, comme une chasse d'eau, l'élimination des toxines. Le reste du rituel, selon la tradition ayurvédique, permet de nettoyer et de mettre en éveil ses organes d'action et de perception, ce qui est somme toute extrêmement cohérent si l'on veut avoir une journée plus efficace.

Et pour désembrouiller mon esprit – comme je regrette de ne pas avoir connu tout ça plus tôt !.... – je respire.

Tuyau pour une pensée claire, le khapalabhati. Un exercice de pranayama (respiration) dans lequel on effectue trois séries de 20 à 50 expirations saccadées par le nez en rentrant au maximum le ventre, nombril collé à la colonne. Simple et efficace. La chaleur monte, l'esprit s'éclaire. La conscience est alors posée sur la respiration sans pensée discursive, sans interprétation émotionnelle ou intellectuelle, attentive au souffle qui sort et « expulse ».

Prana signifie « énergie vitale », ayama « étendre ». On peut donc traduire pranayama par « l'expansion de l'énergie vitale », le contrôle et l'allongement du souffle. Sous-titre : des exercices respiratoires.

Pour Patanjali, l'auteur présumé du texte fondateur *Les Yogas sutras*, le pranayama est « l'arrêt des perturbations de la respiration offrant une respiration yogique fluide, ininterrompue et de qualité ». Ces exercices simples ou complexes permettent de purifier l'esprit, d'équilibrer le système nerveux et d'augmenter la concentration. Je découvre que, pratiqué régulièrement, le pranayama soulage considérablement le stress, permettant un meilleur contrôle de l'esprit rebelle ou vagabond, et libère certains blocages émotionnels pour entrer plus facilement en méditation. C'est un cadeau de la vie.

« Prana et conscience sont, à l'origine, reliés comme le sel à l'eau de l'océan. C'est pourquoi PRANAYAMA est le chemin vers la conscience. En développant une plus grande qualité de présence au souffle, vous sensibilisez votre corps et ses perceptions ainsi que votre mental à des vibrations plus subtiles : vous les "ressentez". »

Swami Madhuarananda

Le pranayama – quelques années plus tard je vais prendre un immense plaisir à l'enseigner – a aussi cette vertu de nous guider vers l'intérieur, de nous brancher sur nous-même, comme un guide intérieur, et peut modifier notre état de conscience. L'esprit cesse de divaguer, la pensée est plus pure, plus claire, comme « affermie » dans ses perceptions. J'en fais l'expérience à chaque pratique, devenue assidue de cet allié du quotidien qui apaise ou énergise, rafraîchit ou réchauffe, calme et répare. C'est aussi pour ma part la meilleure préparation à la méditation, une porte d'entrée dans l'état méditatif qui m'était souvent refusée dans de grands états de brouhaha intérieur.

J'explore plus facilement la méditation, ou en tout cas « une » méditation concoctée à ma sauce, sans école ni doctrine, avec une approche empirique que je forge au fil des mois. Contrairement à certaines idées reçues, méditer ce n'est pas faire le vide mais faire le plein. Le plein de l'ici et du maintenant. Le plein des sensations extérieures et intérieures, le plein de ses propres ressentis. Pas des idées parasites que le mental va peu à peu apprendre à calmement mettre de côté, à la bonne distance, mais des émergences de pensées et d'émotions que l'on autorise à se manifester dans un état de calme et de paix, sans attente, sans jugement.

Dans mes cours j'insiste aujourd'hui sur le fait que méditer, c'est aussi transformer notre état d'observant agacé ou impatient en celui d'objectiveur attentif et positif, subtil et précis, chaque chose révélant sa propre positivité, son message. Selon l'intention et l'attention que l'on y porte, c'est ouvrir son cœur vers un sentiment d'amour universel, c'est embrasser une bienveillance élargie de soi-même à ses proches, de ses proches à autrui, d'autrui au monde. La méditation devient alors un baume apaisant, une ressource infinie, un puissant outil de distanciation des problèmes et angoisses du quotidien, ouvrant un regard lucide sur la vacuité des actions et la profondeur de l'Amour avec ce grand A.

Je sais, ça fait un peu « j'ai changé de vie, faites comme moi », mais comment ne pas insister : la routine matinale du réveil avec le soleil, petit rituel de nettoyage selon la logique ayurvédique, pranayama et méditation, c'est véritablement un « life changer ».

Dans un autre cadre, une nouvelle expérience que j'ai la chance de vivre à cette époque avec beaucoup de pédagogie est le tratak. Dans la tradition du yoga, le mot sanskrit « trataka » signifie « regard fixe ou immobile ». Sa pratique consiste à regarder intensément et sans cligner des yeux un point – la flamme d'une bougie, une lumière, un symbole sur un tableau, un objet iconique sur un autel de prière... J'expérimente la flamme, le regard fixé dessus pendant trois minutes, puis les yeux fermés pendant trois minutes – à renouvelé encore et encore, dix fois peut-être... Passé la difficulté des premières minutes, on dit que le tratak apporte très vite une purification du mental et une étonnante concentration des forces, particulièrement dans les périodes de stress et d'agitation mentale. Dans la tradition de hatha yoga, cette pratique exigeante et bénéfique est décrite dans l'ouvrage de référence des enseignants, *Hatha Yoga Pradipika*, où elle est considérée comme l'une des « shat karma kriya », l'une des six actions purifiant le corps, au même titre que la respiration kapalabhati évoquée précédemment. Sur moi, cette méditation est une expérience inoubliable qui me permet d'atteindre une profonde concentration, une acuité de l'instant presque pure et parfaite doublée d'un sentiment paradoxal de détachement du monde extérieur, comme si tout ce qui comptait était simplement là et maintenant, comme si la flamme que je continue à voir les yeux fermés avait brûlé mes pensées parasites envahissantes et éclairci mon esprit.

Notre guide nous explique qu'avec une pratique quotidienne nous pourrons noter au bout de deux ou trois mois une amélioration conséquente de la mémoire, une meilleure efficacité dans l'expression de nos pensées et dans toutes nos actions, mais surtout une contemplation plus profonde de la beauté intérieure. Tratak est immédiatement bénéfique et accessible à tous (enfin, que celui qui n'a jamais médité commence par une méthode plus « simple » de pleine conscience, quand même...) Cette méditation, moins « à la mode » que d'autres, offre une puissante désintoxication mentale et ouvre une porte vers « dyâna », l'état d'absorption intérieure, la méditation, vers l'Union, qui est le but de toutes les pratiques yogiques.

Bien que marquée par cette approche méthodique et puissante, je ne renouvellerai pas l'expérience, ou pas assez régulièrement pour témoigner de ses effets à long terme, évidemment reprise par les trépidations de la vie quotidienne banale mais dense d'une maman entrepreneuse. Mais la flamme est là.

LECTURE : *HATHA YOGA PRADIPIKA*

Littéralement « La Petite Lumière sur le Hatha yoga », texte normatif daté du XVe siècle qui synthétise précieusement les techniques de l'époque transmises jusqu'à nos jours. À lire pour tous ceux qui veulent un jour partager le yoga…

Novembre 2017 – Connaissance de soi et vérité

Je dois être vigilante à ne pas laisser cette dichotomie s'installer trop profondément. J'assume mon choix de rompre avec le père de mes enfants, mon mari, mais dans ce torrent d'émotions contradictoires je ne peux rien dire encore à mes enfants. Ils ressentent comme des éponges, mais ont la délicatesse de me protéger, de ne s'étonner de rien, de ne pas réclamer, surtout pas leur père, dont l'absence commence à s'installer.

Qu'y a-t-il de pire ? Vivre dans le mensonge et préserver un faux équilibre heureux familial pour satisfaire les acteurs de la scène, OU rétablir la vérité sous tous ses feux les plus violents car aimer c'est être dans la vérité ? Où placer le curseur de ce qui est juste, le curseur de ce qui est vrai ?…

Irvin Yalom, un de mes auteurs favoris, cite souvent le conseil d'un grand psychiatre américain : « *Ne grattez jamais là où ça ne démange pas.* » Je choisis pourtant de faire le contraire. Je suis heureuse, je veux être libre.

J'ai entendu un jour cette phrase que j'adore : « Plus vous essayez d'entrer dans le moule, plus vous ressemblez à une tarte. » C'est très cliché, mais tant pis : ayons le courage de suivre notre intuition pour sortir du moule ! Ne laissons pas l'opinion des autres et le pouvoir mystificateur des mots qui font peur troubler notre voix intérieure, elle sait mieux que nous être le guide du cœur. Encore faut-il tourner le volume sur ON.

De Spinoza à Pierre Rabhi, de Thich Nhat Han à Steve Jobs, d'Alexandre Jollien à Irvin Yalom ou Idriss Aberkane, tous les auteurs que j'ai lus dans mes périodes troublées le crient dans leurs écrits : apprendre à se connaître soi-même est un impératif si l'on ne veut pas se laisser imposer le pictogramme de sa propre personnalité par une voix extérieure dissonante. Et pour cela, le temps de l'écoute intérieure doit s'imposer, se structurer au même titre que le temps de sommeil ou de loisir. Comment l'arbitrage d'agenda peut-il se faire au détriment de soi ? ! Cela interpelle tout autant que les gens qui dépensent sans compter pour ce qu'ils portent sur le corps mais rechignent à dépasser un certain budget alimentaire, en se nourrissant de bio ou de frais, pour ce qu'ils mettent à l'intérieur de leur corps !

SEULE LA CONNAISSANCE DE SOI CONDUIT À L'AUTONOMIE, ET SEULE L'AUTONOMIE CONDUIT À LA LIBERTÉ, cette liberté mère de toutes les conquêtes, cette liberté anti-aliénation sociale ou psychologique, cette liberté qui, même lorsqu'on a « perdu sa place » parce qu'on a décidé de tout quitter nous prodigue un toit moral et une armature intellectuelle. Cette liberté, c'est mon choix à ce moment précis de ma vie. Nous n'avons qu'une seule fois la chance de vivre dans ce corps, alors vivons pleinement avec le moins de regret possible, et cultivons « l'art de vivre », dans la conscience de la nature merveilleuse mais éphémère de la vie.

LECTURE : *ÉLOGE DE L'AMOUR*, D'ALAIN BADIOU

Alain Badiou revient sur le lien entre amour et vérité, qui avait déjà été mis en lumière par Platon. En substance : « Je soutiens que l'amour est une procédure de vérité, c'est-à-dire une expérience où un certain type de vérité est construit. Cette vérité est tout simplement la vérité sur le Deux. La vérité de la différence comme telle. Et je pense que l'amour est cette expérience. En ce sens tout amour qui accepte l'épreuve, qui accepte la durée, qui accepte justement cette expérience du monde du point de la différence produit à sa manière une vérité nouvelle sur la différence. C'est pourquoi tout amour véritable intéresse l'humanité tout entière, si humble qu'il puisse être en apparence, si caché. Nous savons bien que les histoires d'amour passionnent tout le monde ! »

Oh oui…

Je n'ai pas réussi l'épreuve ; l'expérience du Deux, en tout cas celle-ci, est un échec pour moi. À l'heure d'assumer, à l'heure de parler à haute voix, j'oscille entre honte, remord et soulagement, entre envie de demander pardon et envie de cultiver la colère, entre regret et fierté… Je devrais être désolée mais je ne le pense pas vraiment. Quand le film repasse, le film des années, le mot « fin » s'affiche comme sur un écran, dans le calme et la certitude du scénario. Mon corps ne veut plus. J'ai lu dans un livre de Daniel Odier que nous pouvons faire une confiance totale à notre corps. Il sait. Il a la capacité merveilleuse de nous fournir une réponse immédiate à la plupart des situations où un choix s'impose. Bien souvent notre réflexion essaie à tort de prendre le dessus, alors le corps se trouve, libère des douleurs et des tensions exprimant une situation non accordée à ce qu'il sait être juste. Le mien a parlé, et je l'ai écouté, pour une fois.

J'assume, en me cachant d'être un peu le centre de l'attention des dîners mondains parisiens dont les protagonistes raffolent du croustillant de cette histoire servie sur un plateau d'argent. Une séparation quelques mois après un mariage, ça plaît forcément…

« C'est là ce qui donne tout son sens à la philosophie : les gens aiment les vérités, même quand ils ne savent pas qu'ils les aiment. »

Novembre 2018 – Fin de l'histoire

Logique, puisque j'ai commencé en décembre, je finis en novembre ! Je sentais que j'avais réuni toutes les conditions d'un nouveau bonheur. Mais la rentrée a été chargée de mauvaises nouvelles, d'impératifs, de to-do listes infinissables, de non-dits ou d'incompréhensions, de tensions inutiles, de cartons aussi pour cause de déménagement (deux fois en un an, moi qui déteste ça !). Qu'importe. Je ne vacille plus.

J'attends avec impatience de finir ces lignes avec l'objectif du 9 novembre, jour de nouvelle lune. La période d'une nouvelle lune est un moment opportun pour planter de nouvelles graines d'intentions. Se débarrasser de l'ancien, se dépouiller du passé pour entrer plus léger dans un nouveau cycle… J'ai décidé que ce serait celui-ci, la clôture d'un cycle, les 10 ans de mon fils, le retour vers moi, vers une vie sans faux-semblants. Dix ans de tentatives, de choix, d'amours, de ratés, de bonheur, de concessions, d'arbitrages, de souffrances, de deuils, de débuts, de projets, d'envies, d'écoute, dix ans de rencontres, de chemins partagés, de chemins séparés. Je suis Une et je suis Moi, très fière et très heureuse d'être où je suis, d'être cette maman entrepreneuse qui a pensé aux autres et pense à elle-même, sans remords, sans culpabilité. Chaque étape m'a fait progresser vers cet état d'être, chaque découverte curieuse, chaque attention m'a construite, dans mes dichotomies et dans mon unité. Les événements ne sont pas toujours allés dans le sens de mes envies, mais, face aux obstacles, j'ai osé plusieurs fois changer de trajectoire. Sans rancœur ni frustration, j'ai le sentiment d'avoir trouvé un équilibre émotionnel, mental, spirituel. Si ces lignes, 42 207 mots, peuvent aider d'autres femmes (ou hommes) qui sont dans le doute ou dans le chaos, tout aura alors pris son sens.

LECTURE : *LES TROIS QUESTIONS – LA VOIE DU POUVOIR INTÉRIEUR*, DE DON MIGUEL RUIZ

« Nous avons coutume de réagir de façon prévisible. Nous avons coutume de percevoir les choses telles qu'on nous a appris à le faire et en fonction de nos préférences. Une fois que nous cessons de nous mentir, il ne reste que la vérité. Nous retrouvons alors notre authenticité, perdue en racontant notre histoire. »

C.Q.F.D.

FIN

Merci à ma merveilleuse éditrice Ryma Bouzid pour qui a été inventé le mot EMPATHIE. Sans le savoir, avec discrétion et tendresse, elle a changé un bout de ma vie.

Merci à tous mes anges de cœur qui ont cautionné ce projet de journal intime, par du temps, de l'écoute, de la relecture, des conseils ou juste des « tu es folle mais je t'aime » … Mathieu, Patrick, Alex et Alex, Capu, Mimine, Julien…

Merci à mon Papa qui a accepté de découvrir un autre visage de sa fille sans jugement, avec tout son amour, et de qui je tiens l'amour des longues phrases (j'ai essayé de couper un peu quand même !)

Merci à Maman et Pascale qui nous protègent et nous guident, anges coccinelles toujours présentes quand j'en ai besoin.

Merci à mes cinq frères et mes sœurs, qui cimentent ma vie, que j'aime et admire tant : Jéré, Nico, Greg, Théo et Léo, Gaëlle et Margaud. Je vous aime profondément comme vous êtes.

Merci enfin à toute cette famille inouïe, spontanée, solidaire, iconoclaste, généreuse et aimante qui me permet chaque jour de penser que la vie a plus d'imagination que nous. Pour rien au monde je n'aurais voulu une autre famille que vous.

Et bien sûr, merci à mon autre famille, celle du Tigre, qui me suit et me fait confiance, sans jugement, qui grandit et qui s'épanouit. Je vous adore.

Bibliographie

Alain Badiou, *Éloge de l'amour*, Flammarion, 2016
Charles Baudelaire, *Les Fleurs du mal*, Correspondances, 1857
Tal Ben-Shahar, *Choisir sa vie*, Belfond, 2014
Mikhaïl Boulgakov, *Le Maître et Marguerite*, Robert Laffont, 1968
Odile Chabrillac, *Âmes de sorcières*, Solar, 2017
Masaru Emoto, *Le Miracle de l'eau*, Guy Trédaniel, 2008
Etty Hillesum, *Journal*, Seuil, 1941-1943
Jack Kornfield, *Après l'extase la lessive*, La Table ronde, 2001
Milan Kundera, *La Fête de l'insignifiance*, Gallimard, 2014
Frédéric Lenoir, *La Puissance de la joie*, Fayard, 2015
Paul Morand, *Rien que la terre*, Grasset, 1926
Patanjali, *Les Yoga sutras*, inconnu
Atiq Rahimi, *La Ballade du calame*, l'Iconoclaste, 2015
Arthur Rimbaud, *Une saison en enfer*, 1873
Sogyal Rinpoché, *Le Livre tibétain de la vie et de la mort*, La Table ronde, 2003

Don Miguel Ruiz, *Le Cinquième accord toltèque*, Guy Trédaniel, 2010
Don Miguel Ruiz, *Les 4 accords toltèques*, Jouvence, 2018
Don Miguel Ruiz, *Les Trois questions – la voie du pouvoir intérieur*, Guy Trédaniel, 2018
Corine Sombrun, *Les tribulations d'une chamane à Paris*, Albin Michel, 2007
Sylvain Tesson, *Sur les chemins noirs*, Gallimard, 2016
Valmiki, *Le Ramayana*, traduction chez Gallimard, 1999
Hatha yoga pradipika, Fayard, 1974

Imprimé à Barcelone par:
BLACK PRINT

Cet ouvrage a été mis en pages par

<pixellence>

N° d'édition : L.01EPMN001009.N001
Dépôt légal : février 2019